中國近代史

陳 豐 祥 編著
國立臺灣師範大學博士
國立臺灣師範大學歷史系教授

林 麗 月 編著
國立臺灣師範大學博士
國立臺灣師範大學歷史系教授

五南圖書出版公司 印行

編
輯
大
意

一、本書依據台灣地區大專院校歷史課程標準編輯而成。

二、本書共一冊,供大專院校學生一學期,每週二至三小時教學之用。

三、本書教材之編選,以下列四項目標為根據,即啟發學生對歷史的興趣以增進人文素養;引導學生了解歷史知識的特質,以強化其思考與分析能力;帶領學生思索人我、群我關係,以培養其社會、民族、國家的認同感與責任心;培養學生能以開闊的胸襟及世界觀界索本國歷史文化在世界文化中的地位。

四、本書所用年代,以本國歷代紀元為主,並附注西元年代。

五、本書所用地名,大多沿用當時地名,並附注現代地名。

六、本書各章之首,均附有「導言」,旨在引導學生宏觀全章之重點,以加強教學效果。

七、本書各節內容所附重要文獻史料,旨在表明知識概念的論述合理有據,俾使學生瞭解歷史知識的形成方法與推理過程。

八、本書各節均附有「問題與討論」,旨在引導學生應用教材所學的概念進行歷史思維,培養解決問題的能力。

九、本書所附圖片,力求配合教材內容,並附加文字說明,以增進學習興趣。

十、本書如有未盡妥善之處,請教材隨時提出改進意見,以供修訂時參考。

目次

第三章　外力衝擊與晚清變局

第四章　臺灣建省與乙未割讓

第五章　民國初年的內憂與外患

第六章　民初的經濟社會與文化

第七章　抗日戰爭與中共政權的建立

第八章　「臺灣經驗」的建立

第九章　臺灣社會文化的變遷

第十章　未來展望──檢討過去，策勵將來

第一章

鴉片戰爭前的中國

　　西元16至18世紀，西歐在歷經科學革命、啟蒙運動、工業革命等一連串變革後，創造了燦爛的近代文明。而地處亞洲的中國，在滿清入主以後，對內實行高壓統治，加強君主專制；對外則承襲了中國傳統的天下觀，自視為「天朝上國」，以為西方人與中國歷史上的周邊民族一樣，都是文化落後的「夷狄」，對西方世界驚天動地的變化，渾然不覺。東方是東方，西方是西方，在大清帝國的天朝迷夢中，早已埋下了中西衝突的種子。

圖 1-1　乾清宮內景。正間是清代皇帝日常處理政務、接見大臣和外國使臣之處。東、西暖閣是皇帝召見官員和批閱章奏之所。

第一節　清朝的高壓統治與閉關自守

● 清初的統治策略

清朝以邊疆民族崛起東北，入主中國以後，對漢人採取寬猛相濟的治術，懷柔與高壓政策並行。關外時期，清太祖尚無併吞中國的野心，也不知籠絡漢人、重用儒生。到清太宗即位以後，才改用懷柔政策，對明朝的降臣降將，尤能籠絡重用。世祖入關後，攝政王多爾袞仍繼續執行懷柔漢人的政策，諸如：為明思宗發喪禮葬，表揚殉難明臣；開科取士，崇獎學術，徵辟名儒遺老；廢除明末苛稅①，撤銷東廠與錦衣衛等；康熙、雍正年間，更積極整頓賦役，輕徭減稅。這些措施有助於消弭漢人的反抗情緒，達到收攬民心的作用，也漸漸獲得漢人的認同。

與懷柔政策並行的，則是以消滅漢人民族意識為目的的高壓政策，這個政策的主要對象為南方地區的士大夫階層。清兵入關後，江南一帶反抗激烈，南明諸王覆敗後，許多明朝遺老仍力圖恢復，屢次舉兵抗清，文人結社更遍及東南，暗中散播反清復明的思想。因此，清室在平定江南後，即對不與新政權合作的士大夫改採嚴厲手段，其主要措施包括：

────────────

①清人入關後，廢除明末的三餉加派，租賦照明萬曆初年所定稅額徵收。

一、興文字獄：文字獄雖自古有之，但論規模之大、次
　　數之多，則以清朝為最。士大夫在詩文中有譏諷滿
　　清、懷念明朝的，輒遭殺戮，其中很多是無中生
　　有，羅織成獄。
二、行「薙髮令」：順治 2 年（1645）攻下南京後，清
　　廷厲行薙髮令，強迫漢人遵從滿人的習俗，薙髮留
　　辮，以十日為限，違者處死，有「留髮不留頭，留
　　頭不留髮」之說。漢人為護髮而奮起抗清，以致慘
　　遭殺戮者不計其數。
三、摧抑紳權：如順治 18 年（1661）以抗糧為名，逮捕
　　江南士紳一萬三千多人，加以鞭責治罪，是為「江
　　南奏銷案」。此後，士紳在地方上的影響力，屢受
　　摧折，清廷的社會控制也日趨緊密。

圖 1-2　薙髮。清代剃髮的匠人在各城鎮巡迴強為人剃頭，漢人如
　　　　稍有反抗，就斬首，掛在擔子的竿上示眾。

　　由於清廷靈活地運用高壓與懷柔兩種政策，一張一
弛，威迫利誘，漢人士大夫終於多為清室所用；加上日
趨集權而嚴密的政治組織，因此清人的統治策略，頗著
成效。

● 君主專制的強化

清人入關以前，以滿族為統治核心，權力集中於八旗制度之下，各旗自成一個政治、經濟與軍事單位。清太祖並曾明訂八旗共理國政的體制，一切軍國大政，付諸公決共治，君主不得專斷獨裁。自清太宗即位後，一方面改革八旗舊制，使旗人直接效忠於天子；一方面承襲明朝的政府組織，設官立署，積極漢化，遂使清人逐漸褪去「族天下」的部落制封建色彩，轉向中央集權的君主專制發展。

　　清朝初期，中央政治組織模仿明制，設內閣，置六部，同時還保留著滿洲傳統的議政王大臣會議。內閣大學士滿、漢各半，首揆由滿官充任。議政王大臣會議由滿洲貴族組成，凡軍國大事皆交其議奏，因此，議政王大臣掌握軍政大權，皇帝的權力受到很大的限制。

圖 1-3　軍機處值房。清代軍機大臣輪流在軍機處值宿，辦理皇帝交辦的事務。圖為值宿所在的軍機處值房。

　　到雍正年間，西北用兵，為商議軍務，防止洩密，另立軍機處，由皇帝選調親信大臣掌理機密重務。但軍國大事都由皇帝裁決，軍機大臣只是奉命執行；議政王

大臣會議也漸漸名存實亡，乾隆時正式廢除，內閣亦形同虛設，成為事務性的機關。經過清太宗到康雍乾諸帝的整頓，清代政制完全走向中央集權，傳統中國的君主專制至此達於頂點。

● 天朝體制下的對外關係

清朝代明而興，仍然承襲傳統的天朝觀念，當時的國際關係只有他國來朝入貢，中國冊封賞賜，認為朝貢者是外藩屬國，封賞者是天下共主，對於近代西方形成的國際對等概念，仍然一無所知。

在中國的天朝體制下，經濟往來必須依附政治上的封貢制度進行。明清兩代，以封貢制度維持沿邊外夷長期的和平關係，周邊鄰國亦然，中韓、中越關係尤為代表。因封貢而產生的朝貢貿易，是天朝體制下周邊各國與中國進行貿易的主要途徑。

● 海禁與閉關政策

中國自古以農立國，經濟上自給自足，統治者認為天朝物產豐盈，不假外求，因此除貢使往來外，對邊境互市、海外貿易，歷代多聽其自然，不加管理。唐朝始設市舶司，南海貿易大盛。宋元時代，由於政府積極鼓勵及航海技術進步等因素，海外貿易達於極盛。到了明初，太祖鑑於元代黷武海外之弊，邊防重陸輕海，又為了杜絕國人與外夷勾結之患，遂一反唐宋以來的開放政策，頒行海禁令，不准人民下海通蕃。在海禁政策下，民間海外貿易仍十分繁盛，但中外互市唯一合法的管道，只有透過官方的朝貢貿易進行。

清初，清廷為牽制據守臺灣的鄭氏父子，在東南沿

海屬行海禁與遷界。直到康熙 23 年（1684），因臺灣已入版圖②始解除海禁，並開放江（雲臺山）、浙（寧波）、閩（廈門）、粵（廣州）等四個海關，准中外商民自由通商。乾隆 22 年（1757），清廷以口岸太多，不便徵稅與監督，下令關閉其他海港，中外通商限定廣州一處，粵海關遂成為對外貿易唯一的口岸，從此清廷對外商的管制更嚴，外商的不滿與日俱增。

當時中外貿易由清廷特許的「十三行」管理，「十三行」行商不僅經手外商進出口貿易，代外國商人報繳稅款，並代表政府管束外商；西洋商人來華，須按規定住在商館中，外商不得私交官府，大小交涉都要透過買辦和通事與行商連繫，再由行商與官員交通；此外，外商來粵，不得攜眷，不得坐轎，不得在廣州過冬，也不得隨意進城與出遊，居住、行動都備受限制。

圖 1-4　廈門港風貌。19 世紀中葉佚名畫家所繪，從鼓浪嶼眺望廈門港的景色，左方可見怡和洋行的旗幟。

綜觀鴉片戰前的對外政策，清廷仍然承襲明代以來以互市為「馭夷」手段的天朝觀念，一方面以猜忌防範的心態管制外商；一方面嚴格限制國產貨物出口，禁止

②清將施琅於前一年（康熙 22 年）攻取臺灣，臺灣從此納入清朝版圖。

圖 1-5 粵海關。粵海關成立於康熙 24 年（1685），自乾隆 22 年
　　　（1757）限定廣州為唯一對外通商口岸後，粵海關地位更
　　　形重要。此圖為 19 世紀初期佚名畫家所繪。

中國商人自造海船，對國內工商業的發展也極為不利。
因此，海禁雖開，對外貿易並未因之繁盛，反而埋下了
中西衝突的種子。

圖 1-6 廣州的歐洲商館與船隻。這幅英國畫家 William Daniell 的
　　　油畫，是同類畫作中年代最早的作品（1785），十分珍
　　　貴。圖為 18 世紀晚期廣州的歐洲商館和停泊港灣的船隻。

圖 1-7　廣州商館區一角。此圖為 1838 年 William Prinsep 所繪。
　　　　圖中商館自右至左為保和行（新英國商館）、豐太行（諸
　　　　洲館）、隆順行（舊英國館）、瑞行（瑞典館）、孖鷹行
　　　　（帝國館）。

問題與討論

一、清初厲行薙髮留辮，引起漢人的激烈反抗，試從民族
　　與文化因素，討論漢人「頭可斷，髮不可薙」的心
　　態。

二、「天朝觀念」的形成與自古以來中國的歷史文化關係
　　密切，為什麼到了 19 世紀，天朝上國的心態會為中國
　　帶來重重挫折？

三、假想你是乾隆時代廣州的一個外國商人，描述一下你
　　在廣州的經商活動與生活概況。

第二節 西力東漸與中外衝突

● 歐人東來

15、16世紀間，西歐各國積極從事海外拓殖，相繼發現歐亞之間的新航路與美洲新大陸，此後不僅西方世界強弱各有消長，一向神祕的東方，局勢也為之一變。明末，葡萄牙、西班牙、荷蘭、英國等國已先後由海路東來，中國被迫進入近代世界貿易體系，而在各國競逐對華商業利益之際，西方勢力為中國帶來的威脅則有增無已。

● 西方勢力在中國的競逐

西方國家中，最先從事遠洋探險的是葡萄牙與西班牙。明武宗正德9年（1514），葡萄牙人首次抵達粵江口外，這也是史上歐洲人第一次從海路直達中國。嘉靖末年，葡人重金賄賂廣東的地方官，租下澳門為發展東方貿易的據點，明末，葡人稱雄於印度洋與南洋一帶，中國與歐洲的貿易多為其國所掌握。

與葡萄牙同時展開海外拓殖的西班牙，真正開始與中國接觸，較葡人晚了約六十年。西班牙占領呂宋以後，曾請於廣州互市未果，但因呂宋地近福建，閩省商販至者數萬人，多久居不返，馬尼拉遂成中國與西班牙兩國的通商中心。

圖 1-8　澳門風貌。19 世紀初期畫家 Georeg Chinnery 所繪晨曦中的澳門半山風光。

　　繼葡、西東來的歐洲國家是荷蘭與英國。明末，荷蘭人首次抵達廣州，請市不成，葡人亦拒其進入澳門，荷蘭人退而攻占澎湖，進占臺灣。清人入關後，荷人遣使北京請求通商，清廷准其與中國進行朝貢貿易，八年一貢。康熙 22 年（1683）清軍攻臺灣，荷蘭以「助剿有功」，事後清廷特改朝貢為五年一貢，並獲准在廣東、福建貿易。

　　英國約與荷蘭同時向東方發展，明末數十年間，英國與葡萄牙、荷蘭競逐華南沿海互市之利，衝突屢起。明思宗崇禎 10 年（1637），因葡人阻撓英人進入廣東，英船強入珠江，直駛廣州，引發武裝衝突，結果虎門砲臺被毀，後經葡人調停，英人道歉，中國允其在廣州採購貨物，是為中英通商之始，亦為雙方衝突之序幕。鄭經控有閩南期間，英人曾獲准通商廈門。清聖祖解除海禁以後，英人重返廣州，積極拓展對華貿易，商務日盛。到乾隆年間，英國已經躍居西方國家對華貿易的領導地位③。

③ 乾隆 16 年（1751）抵達廣州的外國商船共十八艘，其中以英船九艘最多。乾隆 54 年(1789)，到粵外國商船增至八十六艘，其中英船便占了六十一艘。

葡、西、荷、英之外,鴉片戰前與中國有商務接觸的西方國家尚有法、美等國。清順治末年,法國商船初到廣州,數十年後,法國在廣州成立印度公司支部。不過,此時法國的工業基礎不如英國,其殖民基地印度又早為英國所奪,因此對華貿易受到很大的限制。美國則於乾隆49年(1784)首次派船抵粵,此後來船漸多,並與英國爭奪中國茶葉的出口貿易。

天朝迷夢——中英交涉及其衝突

18 世紀中葉以後,英人對華貿易已呈後來居上之勢,對中外貿易的種種限制,英商的不滿日增,亟思突破。但鴉片戰前的中英貿易,雙方均採獨占制,英國對華貿易由東印度公司獨占,中國則由公行壟斷,雙方只有商人之間的接觸,因此兩國正面衝突的機會較小。

圖 1-9　乾隆皇帝接見外國使節圖。

乾隆 58 年(1793),英使馬戛爾尼在熱河避暑山莊觀見乾隆皇帝,拒絕按中國禮節行跪拜禮,這幅流傳西方的漫畫描繪的是清廷「順其國俗」,准其以「免冠、屈一膝、深鞠躬」之禮覲見的情形。

乾隆 58 年(1793),英國政府派遣馬戛爾尼(Lord MaCartney)東來,名為祝賀乾隆皇帝八十壽誕,實際目的則在增進邦交與改善商務關係。馬戛爾尼一行人在中國境內停留五個多月,任務雖未達成,卻已窺見中國內部之積弊與隱憂。

圖 1-10　清仁嘉慶皇帝（1760～1820）朝服像。名顒琰，高宗第
　　　　　十五子，在位 25 年（1796～1820）。

　　嘉慶 21 年（1816），英王另遣阿美士德（Lord Am-
herst）來華，後因阿美士德拒絕依中國禮節行跪拜禮，
於覲見仁宗前被中國逐回。表面上雖是禮節儀式之爭，
其實卻已反映中國傳統的天朝觀與西方現代平等國際觀
的衝突。

　　英國自工業革命以後，新資本家興起，對東印度公司
獨占對華貿易極為不滿。經過多年醞釀，英國國會通
過自 1834 年起，取消東印度公司獨占中國商務的專利
權，准許英商自由貿易，並在廣州設立商務監督④，此
後中英間的接觸由純商業的往來轉變為帶有政治色彩的
交涉，為中英關係變化的一大關鍵。

　　道光 14 年（1834），英國第一任駐華商務監督律勞

④英國對華貿易及在華英商之管理，原由東印度公司派遣的「大班」負
　責，商務監督則是由英國政府官派，不僅取代大班所有的職權，並有
　司法裁判與徵稅的權力。

《嘉慶皇帝敕諭》：
　此後勿庸遣使遠來，徒勞跋
涉。朕今放遣來使，各歸其
國，宥其罪戾，用顯高厚。

卑（William John Lord Napier）抵達廣州，致書兩廣總督盧坤，要求中英平等往來。盧坤依據舊例，令由行商轉達，律勞卑態度強硬，堅持不允。最後盧坤以律勞卑雖是英國官員，亦不得與天朝總督書信平行，堅持「中外之防，首重體制」，於是採取停止貿易的方式，希望逼迫律勞卑遵行中國舊例，並調兵佈防，以為戒備。而律勞卑按照西方慣例，認為通商是兩國互惠之事，官員往來自應平等，不肯稍有妥協，並將軍艦駛入虎門示威，雙方相持不下。後因中英商人居中調停，律勞卑退回澳門，中英恢復通商。一場中外衝突，表面上雖暫時平息，但雙方誤會愈來愈深，僵局難解。

圖 1-11　清宣宗道光皇帝（1782～1850）朝服像。名旻寧，在位
　　　　30 年（1821～1850），享年 69 歲，在清代諸帝中，僅次
　　　　於高宗與聖祖。

　　道光 16 年（1836），義律（Charles Elliot）繼任英國商務監督，力圖一改過去兩年的緘默政策，運用靈活手腕以彌縫中英關係，但亦無結果。就在政治性的國交問題僵持不下之際，經濟性的鴉片貿易問題又起，終使中英衝突步上戰爭之路。

問題與討論

一、清高宗致英使馬戛爾尼的敕諭中說：

「天朝物產豐盈，無所不有，原不藉外夷貨物以通有
無。特因天朝所產茶葉、瓷器、絲巾，為西洋各國及
爾國必需之物，是以加恩體恤，在澳門開設洋行，俾
得日用有資，並沾餘潤。」

請問：這段話反映了什麼樣的心態？相較於清代對外
貿易的態度，現代的觀念有何不同？

二、道光 14 年的中英交涉，兩廣總督盧坤與英國商務監督
律勞卑各執立場，僵持不下，試從國家外交的角度評
論二人的表現。

第二章

臺灣的開發與經營

　　臺灣僻處我國東南海域，與福建省僅一衣帶水之隔，但開發甚晚。直到明末東西海運大通，臺灣因位居要衝，遂成為海權殖民帝國所必爭；漢人也因而開始大量移入臺灣從事拓墾。歷經荷蘭、明鄭、清朝三個前後相繼的政權統治，以閩粵移民為主體的墾殖事業，不僅篳路藍縷，胼手胝足的建設了新家園，而且把他們的固有文化帶到新的家園中。終於在清朝時代，將臺灣開發成為一個經濟實力富厚，社會生活獨具特色的海上新天地。

第一節　移墾與開發

● 早期的臺灣

　　早期的臺灣住民，成分較為複雜。除了直接從大陸遷徙之外，還有從東南亞移居來的南島語族。據考古學研究，最晚在 5 萬年前的舊石器時代晚期，臺灣已有人類活動，過著採集、漁獵的生活，長濱文化與網形文化為此期的代表①。到

----

①長濱文化分布於東海岸地帶，北起臺東縣長濱鄉，南迄屏東縣墾丁。
　網形文化分布在西北丘陵、臺地，北起臺北縣林口鄉，南迄臺中縣新
　社鄉。此兩種文化距今約有 5 萬年，皆使用打製的石器。

　　了大約7000年前，臺灣已進入新石器時代，出現了原始根栽作物的種植。耕作型態屬於「刀耕火種」的游耕階段，大坌坑文化即為其中的典型。到了4500年前的新石器中、晚期時代，各地普遍出現稻米、小米等穀類作物的種植，如墾丁遺址出土的陶片中發現稻殼印紋，是目前臺灣所見最早的稻米栽培證據。同時，從社會型態趨勢於複雜、工藝技術也明顯進步的情形來看，此時的文化顯然受到大陸東南沿海或東南亞一帶的影響，較著名的有大坌坑文化、圓山文化、卑南文化等。

　　大約在2000年前，臺灣出現了金屬文化，農耕技術也較前進步。從出土的瑪瑙、玻璃等外來飾品，可知當地島內的區間往來與島外的交流早已存在。「十三行遺址」發現的唐、宋時代銅鏡、瓷器、錢幣，也說明了兩岸間的接觸相當頻繁。到了元朝，已有不少漢人移居澎湖，政府特設巡檢司管理之。明代時，已見漢人遷居臺灣。不過，漢人大量移入臺灣墾殖，則遲至17世紀荷蘭據有臺灣南部之後。

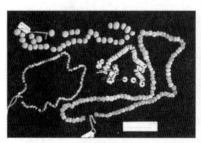 

圖2-1　十三行遺址出土的　　圖2-2　十三行遺址出土的鎏金
　　　　珠飾　　　　　　　　　　　　銅碗

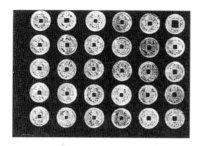

圖 2-3　十三行遺址出土的銅幣

荷據時期的經營

明末，荷蘭曾兩度占有澎湖，均為明軍所逼退。明熹宗天啟 4 年（1624），荷蘭登陸安平，建熱蘭遮城（Zeelandia），作為軍事、貿易、墾殖的中心。此後直至桂王永曆 15 年（1662）為鄭成功所驅逐，共據有臺灣 38 年。

圖 2-4　熱蘭遮城城牆遺蹟（今安平古堡）

圖 2-5　荷據時代，臺灣開始走上以貿易為導向的海洋文明

　　17 世紀是歐洲重商主義發達的時代。荷人經營臺灣，主要目的即在獲取商利。為了掌握經營臺灣所需的人力，荷人從大陸沿海招募移民來臺，漢族人口因而快速增加，並且逐漸形成農業、漁業及商業的聚落。當時無論漢族或原住民，都處於被統治、被剝削的地位，必須定期向荷蘭殖民政府繳納各種賦稅並服勞役。

　　漢族移民以從事墾殖者最多，他們開墾土地、興修水利，向荷人租買牛隻；所生產的稻米、甘蔗，則被迫賣給荷蘭東印度公司，並由荷人決定收購價格。荷人也實施贌社制度②，禁止漢族商人直接與原住民物物交易；規定必須投標中選，並向荷人繳納承包稅金成為社商後，方得進行村社貿易。對外貿易方面，除鹿皮、硫磺等原有特產外，荷據時期大量產銷的蔗糖，也是行銷日本、波斯、歐洲的重要商品。荷人更極力發展臺灣與大陸間的轉口貿易，所以明末中國的絲織、蔗糖、瓷器三

---

②贌，音ㄆㄨˊ，臺語發音與「綁」同；意指承包、承攬。贌社制度，
　是有關漢族商人承包「番社」貿易的規定。

大出口商品，有相當比例是經由臺灣轉輸日本、南洋及歐洲各地，獲利極為可觀。在荷人的殖民統治與重商主義政策威迫利誘之下，從此臺灣開始發展以貿易為導向的海洋文明。

● 明鄭時代的拓墾與貿易

鄭成功（1624～1662）的父親鄭芝龍，原為海賊首領，縱橫閩海一帶。明末，臺灣成為海盜根據地，鄭芝龍曾盤據臺灣南部，招徠漢人，對臺灣的開發頗有貢獻。鄭成功來臺後，臺灣的漢族人口迅速增加。除了文武官兵及其眷屬隨行的大批軍事移民外，尚有為數可觀的沿海居民，為逃避清廷厲行「遷界」政策而投奔臺灣。至明鄭末期，臺灣的漢族人口已增加至十餘萬人。

為謀解決迫切的軍糈民食及立足臺灣的需要，明鄭十分重視土地的拓墾及貿易的開發。復臺之初，立即實行寓兵於農政策，指派軍隊按鎮分地，就地開荒。軍墾的「營盤田」範圍極大，今日臺灣的許多地名均與明鄭的屯田有關，如新營、左鎮、左營等。當時臺灣遍處是荒榛未闢的處女地，除了明鄭政權直接占有荷蘭時期已經墾殖的「官田」，以及軍墾的「營盤田」外，由文武官員招佃開墾，撫輯流民來臺拓殖的「文武官田」，面積亦極為可觀。由於土地的大量開發，加上官民重視水利的興修，三年之間，軍糈民食已能自足，甚至外銷漳、泉一帶。

在貿易方面，清廷的海禁政策，促使明鄭致力發展與大陸及海外的貿易，以挹注軍需及民用。當時大陸貨物經由走私方式仍得以轉運臺灣；而明鄭的遠洋船隊，以及不少文武官員的私船，每年往返興販於日本、琉球、呂宋、暹羅等國；英國東印度公司亦獲准在臺灣設

我朝嚴禁通洋，片板不得入海，而荷賈壟斷，厚賂守口官兵，潛通鄭氏以達廈門，然後通販各國。凡中國各貨，海外人皆仰資鄭氏，於是通洋之利，惟鄭氏獨操之，財用益饒。

郁永河在《鄭氏逸事》中，論述明鄭政權突破清廷海禁，獲通洋之利。

立商館。於是通洋之利，使明鄭財用益為富饒。拓墾與
貿易，逐成為明鄭政權立足臺灣、胸懷大陸的主要憑藉。

● 清領時期的拓墾與開發

康熙平臺之初，規定內地人民渡臺，必須取得官廳的
「印單」（許可證），而且只准單身，不得攜眷。
雍正 10 年（1732）以後，略為放寬，已入臺者，得搬移
眷口，於是人口激增。

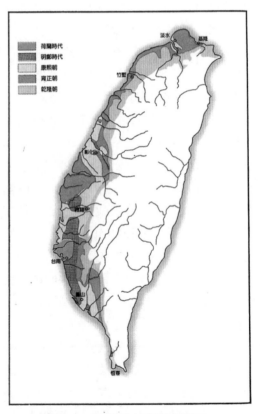

圖 2-6　臺灣漢人移墾開發圖

圖 2-7　林先生廟：先人感念不知名的林先生協助施世榜完成彰化
二水八堡圳，特建廟以崇功報德。

　　臺灣在荷蘭、明鄭時代，拓墾地區以南部為主，開
墾的區域，不過全臺十之二三。清領以後，逐漸向北擴
張，百年之間，西部平原已大致開發完成。自乾隆末葉
起，移民轉向內陸丘陵及交通不便的後山地區開墾，於
是埔里社盆地、宜蘭平原等地相繼拓墾完成。臺灣行政
區劃的演變，即反映了當時移墾的方向及其成果。

　　由於移民漸多，農業生產逐漸從粗放栽種轉向精耕
細作，於是中、北部平地開始興修水利，水田取代旱地
成為主要的耕作方式，當時較重要的灌溉渠道，如彰化
平原的八堡圳、臺中盆地的貓霧捒圳、臺北盆地的瑠公
圳等，其興築所需的資金技術，大都來自民間，顯示基
層民眾旺盛的活力與合股經營的特色。因此，雍正、乾
隆以後，臺灣稻米不僅能自足，而且還大量輸出。至於
嘉南平原，受限於自然條件，多屬種植甘蔗、番薯的旱
田，甚少栽培水稻③。糖廍作坊的熬糖事業，遂成為當

③當時嘉南平原的灌溉，主要是依賴陂塘，缺乏大規模的水圳設施，故
　多屬旱田。

時臺灣最重要的手工業。

　　鹿耳門及安平是臺灣南部的門戶，早期移民渡臺大都在此登岸。從事臺南地區的開發。隨著拓墾的進展與米、糖貿易的發達，中、北部的通商口岸也發展起來。鹿港是中部臺灣與大陸往來的捷徑，為商販聚集之所；乾隆49年（1784）正式開放後，鹿港不僅直航閩、粵，其船運且北至寧波、上海，甚至遠達天津。57年（1792），又開放北部淡水河口左岸的八里坌，船舶入口後，可上溯直抵艋舺，艋舺由是愈趨繁榮④，與臺灣府、鹿港並稱為臺灣的三大都市，而有「一府二鹿三艋舺」之稱。至此，臺灣的南、中、北三區，大致已完成了平衡的發展。

---

④位於淡水河出海口的八里坌，在臺北地區（包括雞籠、淡水）開發時，是臺灣北部的門戶，其地位一如鹿港之於中部。惟八里坌的重要性終比不上鹿港，因為船舶入口後，仍可溯淡水河直達艋舺。八里坌只是過路港口，貨物的真正集散地是艋舺。

問題與討論

一、 我們如何證明在原住民為主體的時代，臺灣與大陸之
　　 間已有密切的文化交流？

二、 試列表說明荷蘭、明鄭、清領時代，漢人移墾臺灣的
　　 原因、經過與結果。

三、 臺灣自邁入以貿易為導向的海洋文明體系以來，在歷
　　 經荷據時期、明鄭時代、清領時期的二百多年間，曾
　　 有那些重要的海上貿易活動？

第二節 政治的演變

荷蘭的殖民統治

在近代漢人成為臺灣社會的主體之前，原住民以部落社會的型態分布全島各地，但迄未建立統一或局部的政權。荷蘭殖民帝國是第一個在臺灣建立政權的國家，而為其執行侵略政策的荷蘭東印度公司，不僅在東方享有獨占性的貿易特權，且擁有強大的陸海軍，以及殖民地的立法、行政、司法大權。公司派駐臺灣的最高官員稱為臺灣長官；另設「評議會」作為決策機構，評議員由公司派駐臺灣的商務人員及軍隊首領等組成。

圖 2-8　普羅民遮城：見於臺灣縣志中的赤崁城，即普羅民遮城。

　　荷據時期在臺荷人僅約 2600 人，以赤崁的普羅民遮城（Proventia）為行政中心，統治著人口占絕對多數的原住民與漢人。為便於控制，荷人先後設立南部、北

部、東部及淡水四大地方議會區（Landdag），命令各村社長老參加會議，授以烙有公司標誌的權杖，作為統治的權力象徵。稍有反抗者，輒施以殘酷的武力鎮壓。麻豆社事件⑤、蕭壠社事件⑥等，即為著名的例子。至於在臺墾殖的漢人，由於難忍荷人長期的貪暴苛虐，終於爆發了順治9年（1652）郭懷一領導的抗暴事件。惟因事機不密，實力懸殊，卒為荷人所敗；在臺漢人亦慘遭屠戮。

　　在高壓統治之外，荷人也藉宗教懷柔原住民。他們以羅馬拼音的「新港語」翻譯基督教經文，並以新港為中心，遍傳南部各社；又開設宗教學校，授以荷蘭語文，且男女兼收。於是原住民受洗信教者日眾，不惟不再反抗荷人統治，反成為荷人鎮壓漢人的工具。

● 西班牙占領臺灣北部

荷蘭據有臺灣南部後，不僅中國深受威脅，日本及西班牙亦同感不安，東亞的國際關係遂趨於複雜，臺灣從此成為各國競相角逐的場所。

　　明末的倭寇曾以臺灣為巢穴，日本商人亦不時前來，荷蘭重稅華商，也勒索日商，彼此因徵稅問題屢有爭執。其後因實施鎖國政策，日本對臺灣關係始告結束。荷據臺灣南部後，西班牙唯恐其以菲律賓為基地的東方貿易、傳教受到挑戰，因此沿臺灣東岸北上，占領

　臺灣沃野千里，實霸王之區；若得其地，可以雄其國；使人耕種，可以足其食。上至雞籠、淡水，硝磺有焉。且橫絕大海，肆通外國；置船興販，梔柁銅鐵，不憂乏用。移諸鎮兵士眷口其間，十年生聚，十年教養；而國可富，兵可強，進取退守，真足與中國抗衡也。

　荷蘭通事何斌，持臺灣地圖獻鄭成功，請征臺驅荷以為「根本之地」。

⑤荷人據臺灣南部後，恃其槍砲利器，威服各「番社」。明思宗崇禎8年（1635），麻豆社（今臺南縣麻豆鎮）原住民見荷人暴虐，起而反抗。荷軍進擊，老幼死者26人，又縱火焚其全社，麻豆社遂被迫訂約，獻地以降。
⑥蕭壠社（今臺南縣佳里鎮）原住民，因受荷人苛待，起而抗暴。荷人率兵進討，蕭壠社不敵，遂援麻豆社例，訂約以降。

雞籠，建聖薩爾瓦多城於社寮島（今和平島），做為其統治中心。又進據滬尾，築聖多明哥城（Santo Domini-go），即今紅毛城前身。

西班牙在臺灣北部積極經營，除傳布宗教、設立學校外，更開通雞籠、滬尾間道路，以期發揮兩港的貿易轉運功能。惟因東亞情勢轉變，中、日船隻來者寥寥無幾，加上維持在臺防務負擔頗重，遂感占領臺灣已無必要。適於此時菲境回教徒叛亂，亟須臺灣兵力支援，乃減少雞籠守軍。荷人偵知西班牙守備單薄，遂於崇禎15年（1642）將西班牙逐出臺灣北部。

● 鄭成功的驅荷復臺

明末內憂外患頻仍，自流寇李自成攻陷北京，吳三桂引清兵入關後，明宗室及遺臣，即紛紛南下，先後擁立福王、唐王、桂王，史稱南明。南明抗清時，鄭成功的父親鄭芝龍曾擁立唐王，及清軍入閩，變節降清。鄭成功堅持儒生志節，毅然舉兵抗清[7]。

成功初據有廈門、金門，勢力及於閩南沿海一帶，甚得桂王倚任，封他為延平郡王。永曆 13 年，成功大舉北伐，深入長江，不幸敗於南京城外，退守金、廈。此時桂王已流亡緬甸，成功為厚植反清復明實力，乃決計東取臺灣，以為根本之地。永曆15年（1661），率軍東征，自鹿耳門（今臺南市西北）登陸，經 9 個月的苦戰，荷蘭人不敵而降，臺灣遂成為反清復明的基地。這是漢人在臺灣建立政權的開始。

---

[7]鄭成功深為唐王所器重，賜姓朱，故時人稱為「國姓爺」。成功對於唐王的器重，心懷感激。故聞唐王遇害時，即焚儒服，積極運動反清復明。

圖 2-9　鄭成功入臺驅荷圖

圖 2-10　延平郡王祠：沈葆楨建請敕建延平郡王祠，並手撰楹聯
　　　　曰：「開萬古得未曾有之奇，洪荒留此山川，作遺民世
　　　　界。極一生無可如何之遇，缺憾還諸天地，是創格完
　　　　人。」

● 明鄭的治臺政策

鄭成功驅荷復臺後，積極從事建設，並以重兵戍守金、廈，進窺大陸；惜天不假年，溘然早逝。子鄭經繼承遺志，在陳永華謀劃下，奠定了臺灣日後的建設開發基礎。鄭氏父子的治臺政策，大要如下：

一、設置郡縣：仿內地設郡縣制度。改赤崁為東都明京，以示胸懷大陸。設承天府（今臺南市）為首府，又置萬年縣與天興縣，分轄承天府以南及以北地區⑧。

二、獎勵屯墾：為解決軍糈民食問題，除積極招徠閩粵人民外，又命文武官員及戍卒在各地屯墾，寓兵於農。當時屯墾的配置，即是今日臺灣南部許多地名的由來。

三、提倡文教：在各項建設漸次就緒後，又廣設學校，舉辦科舉考試，以選拔賢才。臺灣的孔廟，即完成於鄭經時代的承天府。

四、發展貿易：鄭氏本以泛海行舟起家，因此整軍經武之際，特重通海互市之利。尤其為突破清廷海禁，海外的貿易拓展更為積極，對臺灣的經濟發展，助益甚大。

● 明鄭的衰亂與康熙平臺

永曆 28 年（1674），三藩之亂起，鄭經出兵響應，連下漳、泉、潮、惠數府。惟因政治立場與吳三桂

---

⑧鄭經時，改東都為東寧，升天興、萬年二縣為州。又設南、北路及澎湖安撫司各一，終明鄭之世，維持一府、二州、三司之局。

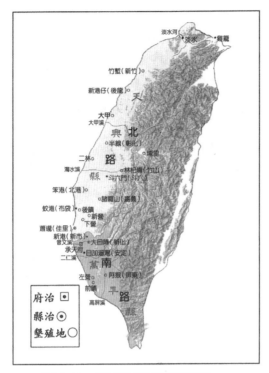

圖 2-11　明鄭時期臺灣建置圖

歧異，軍事行動又與耿精忠、尚之信勢如水火⑨，以致
兩敗俱傷，盡失所得之地。不得已退回臺灣，抑鬱以
歿。不久，子監國克𡒉遇害，權臣馮錫範立克塽，軍政
廢弛，人心離散。永曆 37 年（1683），清水師提督施琅
見有隙可乘，力請征臺，清廷許之。澎湖一戰，鄭軍不
敵，克塽投降，臺灣遂成清朝版圖。

　　明鄭既亡，清廷以臺灣孤懸海外，常為海上亂藪，
且治理不易，棄留之間，廷議論不決。施琅乃上疏極言

⑨鄭經奉明正朔，目的在「上雪國家之恥，下救生民之禍」。吳三桂不
　僅曾效力清廷，弒明永曆帝；舉兵反清後，又僭號稱帝。鄭經西征。
　先取福建、廣東，耿、尚忌其勢盛，芒刺在背，故不容其染指。

圖 2-12　臺南市的孔廟大成殿

臺灣地位重要，為江、浙、閩、粵四省之屏障，「棄之必釀成大禍，留之誠永固邊圉。」康熙感悟，留臺之議始定。

● 清領初期的治臺政策

明鄭時代，清廷實施海禁，以杜絕鄭氏接濟。康熙平臺後，解除海禁，但防範仍極為周密。除往來兩岸船隻概須領照，經嚴密檢查後依指定港口出入外，又頒渡臺禁令。規定內地商民渡臺，必須取得官廳許可證；渡臺者不得攜眷，已在臺者不得搬眷來臺。

　　清初由於客觀情勢需要，對於渡臺限制，時禁時弛。嘉慶以後，由於渡臺者日眾，即非禁令所能控制，也非汛口所能防備；復以社會經濟漸趨穩定，滋事變亂減少，禁令已無必要。從此人民攜眷往來已無限制，除有助於臺灣的開發與繁榮外，以漢人為主體的社會亦從此確立。

　　康熙領臺之初，沿明鄭之舊，設臺灣府（今臺南

臺灣地方，北連吳會，南接粵嶠，延袤數千里，山川峻峭，港道迂迴，乃江、浙、閩、粵四省之左護。……此誠天以未闢之方輿，資皇上東南之保障；永絕邊海之禍患，豈人力所能致！

靖海侯施琅上《臺灣棄留疏》

市）及臺灣、鳳山、諸羅（今嘉義）三縣。其後閩、粵
移民日眾，雍正元年（1723）添設彰化縣、淡水廳（今
新竹）；5 年，以澎湖位處要衝，增設澎湖廳。嘉慶 17
年（1812），又設噶瑪蘭廳。此後直至光緒元年（1875），
無所更動。

　　臺地雖小，而原住民種落繁多，治理不易，清廷以
其納稅與否，分為「熟番」與「生番」，立碑或掘土牛
溝為界以分離彼此。界外為「生番」地，不屬清朝統
轄，界內「熟番」為清朝子民。領臺之初，因恐漢人與
「熟番」相結為亂，嚴禁漢人承墾「熟番」地，惟效果
不彰。至雍正 2 年，解除禁令，准許漢人承墾其地。至
於「生番」，凡越界入其地者，以偷越關口論罪。牡丹
社事件後⑩，清廷始採取「開山撫番」政策，積極統理
「生番」地。

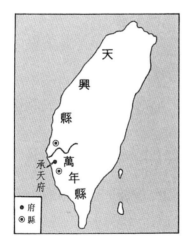

圖 2-13　明鄭時期一府二縣

⑩參閱本書第 58 頁。

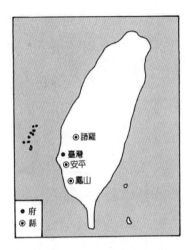

圖 2-14　康熙時期一府三縣

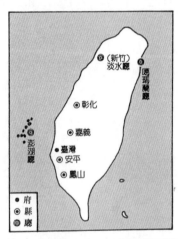

圖 2-15　嘉慶 17 年一府四縣三廳

問題與討論

一、荷據時期，在臺荷人僅約二千餘人，何以能夠統治人口占絕對多數的漢人與原住民？其殖民統治特徵為何？

二、據《臺灣外記》載，鄭成功曾於永曆 15 年（1661）令示諸將：「本藩矢志恢復，念切中興；前者出師北討，恨尺土之未得；即而舳艫南還，恐孤島之難居；故冒波濤，欲闢不服之區；暫寄軍旅，養晦待時；非為貪戀海外，苟延安樂。自當竭誠禱告皇天，共達列祖。假我潮水，行我舟師。爾從征諸提鎮營將，勿以紅毛火礮為疑畏，當遙觀本藩鷁首所向，銜尾而進。」

請問：

①文中「出師北討」的對象是什麼？為何說「恨尺土之未得」？

②文中「舳艫（戰船）南還，恐孤島之難居」，孤島是指何地？

③文中的「冒波濤」，是指何處的波濤？「欲闢不服之區」是指何處？

④從「暫寄軍旅，養晦待時；非為貪戀海外，苟延安樂」文句中，可知鄭成功的志業與精神所在是什麼？

⑤所謂「假我潮水，行我舟師」，是指他期待何處的潮水方便行舟？

⑥文中的「紅毛」火礮，是指什麼人？

三、清領前期的治臺政策傾向保守的原因為何？有那些保守的政策？

第三節　社會生活

● 移民社會的形成

隨著荷蘭、明鄭及清代三個時期的移墾與開發，從閩、粵兩省來臺的漢人，先後在各地形成獨具特色的移民社會。直至清末，由於拓墾的完成與漢人的定居化，各地移民社會的色彩始漸消逝。

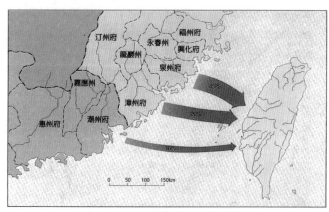

圖 2-16　臺灣漢人移民的原鄉

日治以前的臺灣漢人移民，以來自福建漳州、泉州兩府最多，廣東客家次之，其他地區較少。清領初期，臺灣漢人當中，客屬極少。但至乾隆末年，漳、泉之民居十之六七，客民亦占有十之三四。從地理分布來看，泉州人多居於西部沿海平原及臺北盆地；漳州人多集中分布於西部內陸平原；客家人則多聚居在西北及南側的丘陵臺地。此一現象，雖與移民的先來後到不無關係，

但主要是由於移民者的原鄉生活方式，以及同類相聚的習性所使然。

● 人口變遷與人口組合

荷據時期的臺灣漢人，最多僅4萬左右；明鄭後期，增至12萬人。清領之後，漢人返回大陸者幾達半數。自康熙中葉起，入臺者漸多。嘉慶（1796～1820）以後，臺灣人口已達200萬以上。嘉慶以前的人口增加，主要是由於漢人大量遷臺的「社會增加」所致，其後則屬於移民後代繁衍的「自然增加」。

　　荷蘭、明鄭和清領時期的臺灣漢人移民社會，均出現男多女少、青壯多老幼少的人口比例失衡現象。此因早期漢人移民多屬具勞動力的青壯男丁，加上明鄭時期來臺兵丁大半無眷，以及清初只准單身壯丁入臺的規定使然。結果導致移民社會婚姻困難、養子之風盛行的現象。經過兩三代人口的自然繁衍之後，人口失衡的現象始趨於正常。

● 血緣關係與地緣組織

早期來臺漢人，多非舉族遷徙，因此利用血緣關係或地緣組織以適應新環境，是當時移民社會普遍的經驗。為了祭祀祖先、互相扶持或集資創業，成立了不少由同宗或同姓組成的團體，客屬稱之為「祖嘗」，一般則以「祖公會」稱之。祖公會通常設有祠堂、族產和族譜，並定時舉行祭祖活動，主要奉祀的對象為「唐山祖」，通常採自願參加，是為「唐山祖宗族」。移民在臺繁衍日久，人丁漸多，常在分產之際抽出部分作為「祭祀公業」，建立公廳或祠堂、編纂族譜，並共同祭

流寓者①外無期功強近之親②，同鄉井如骨肉矣，疾病相扶持，死喪相助，棺斂埋葬，鄰里皆躬親之。……失路之夫不知何許人，纔一借寓，同姓則為弟姪，異姓則為中表。

　①流寓者：指在異鄉日久而定居下來的人。

　②期功強近之親：期功，喪服名。齊衰一年是為期，大功九月，小功六月，喪服各有不同，統稱為功。期功強近之親，指各種親疏關係不同的血親。

《諸羅縣志・風俗志》描述清初臺灣移民社會的民風，顯示濃厚的血緣觀念與地緣色彩。

祀「開臺祖」，形成和傳統漢人宗族相同的「開臺祖宗族」。此為移民社會趨向定居生活的普遍現象。

傳統的漢人社會，鄉土觀念或祖籍意識甚為濃厚，因而在清代臺灣各地的移民社會中，出現了各分族類、同籍聚居的現象。聚落的組成、閩粵漳泉，涇渭分明；甚至演成不少以祖籍地為分類標準的閩粵、漳泉械鬥。在同籍聚居的地區，通常又形成奉祀不同的主神的祭祀圈，各以其寺廟為中心形成不同的地域單位。遷移初期，此類寺廟大多供奉原鄉的鄉土神，畛域分明。其後，隨著定居日久、祖籍意識淡化，分類械鬥減少，對居住區認同增強；祭祀圈也隨之擴大，各地的鄉土神，因而逐漸成為不同人群共同奉祀的對象。

● 民間結社與社會結構

在移民社會中，社團組織是滿足各種生活需求的有力憑藉。清代臺灣漢人社會中蓬勃發展的民間結社，依其活動形態，可分為一般性團體和祕密結社兩種。一般性團體是為滿足成員的共同目標而組成，除了純為酬唱往來的詩文社外，其性質多屬宗教性，常以祭神活動作為凝聚成員的手段，民間泛稱之為「神明會」。至於祕密結社，自乾隆中葉起，中南部地區即出現不少號稱「小刀會」的團體，目的在抵抗官員兵丁的欺凌。到了乾隆晚期，更出現了組織龐大，以抗清為主要訴求的「天地會」。清代臺灣發生的重大民變，如林爽文、戴潮春之役，均與之有密切關係。

在社會結構方面，由於清代臺灣的移民社會以經濟活動為主，文教不興，因此位居社會上層的人，甚少科舉出身的官紳文士，大都是經營商、墾兩業的富豪，以及具任俠精神、馭眾能力的豪強之士。清初渡臺的漢

人，「男不為奴，女不為婢」的情形極為普遍，並無明顯的賤民階層，婦女地位也較高。同時，從事商墾兩業而白手起家者眾，故社會風氣較為平等開放。遷臺日久，移民轉成定居，社會開始出現多元的現象。隨著文教日興，士紳乃漸崛起於社會上層，並與豪商地主同列領導階層；至於下層社會則出現了少數操持賤業，號稱「下九流」的賤民。

清代臺灣漢人社會較為平等開放，人才上升流動活潑，社會上層始終擁有大量的紳商富豪，對臺灣的經濟發展和社會現代化，均有正面的影響。

● 社會俗化與文教發展

清初渡臺的漢人，多屬貧苦無依的下層民眾，他們大都志在謀生或圖利，因而移民社會普遍出現陋俗盛行、文教不興、缺乏精緻文化的「俗化」現象。當時有識之士即深以民間「衣飾侈僭、婚姻論財、豪飲呼盧、好巫信鬼」為憂。其後墾地日闢，經濟轉趨繁榮，官紳乃積極倡導興學，鼓勵讀書應試，各地文教由是轉盛，文學、書畫及學術等精緻文化亦隨之而興。南部以開發較早，自康熙晚期起，今臺南地方已成學藝中心。隨著漢人北向拓墾，至道咸年間，今桃、竹、苗和宜蘭地區，文風亦漸盛起，終至形成另一學藝中心。文教發展的結果，使臺灣社會由粗俗無文，進而博得「海東鄒魯」的美譽⑪。

夫士之子恆為士，農之子恆為農，非定論也。今臺士之彬雅者，其父兄非農工，即商賈也。求其以世業相承者，百不一二。

高拱乾《臺灣府志》所載，可知清代社會上升流動現象極為活潑。

⑪孟子生於鄒國、孔子生於魯國，後世因以「鄒魯」為文教興盛之地的代稱。

● 濃厚的經濟取向

閩、粵地方原有重商趨利的傳統[12]，當地來臺的移民，主要的動機就是在謀取經濟利益或改善生活。因此移墾社會具有濃厚的重財好利之風，如某種作物價格抬高，即競相種植，以便出售圖利。因冒險患難，富於創業精神而躋身望族者，更所在都有；影響所及，社會亦競尚奢華浮誇。此種富於經濟取向的風尚，在各地移墾社會消逝或轉型之後，仍然延續下來，成為臺灣社會歷久不衰的傳統。這種社會傳統，無論對清代臺灣的開發，或日後臺灣的經濟發展，都有莫大的影響。

● 民間宗教盛行

移民離鄉背井，內心渴望獲得安全感；而渡臺必須跨越「黑水溝」，冒風濤之險，登岸之後，更須面對瘴癘疾疫、毒蛇猛獸、民變匪亂，以及各種險惡的生存競爭。為了祈福避禍，追求安寧，他們大都訴諸超自然的崇拜。除平日供奉外，每年又擇神誕聖日舉行迎神賽會，熱鬧異常。

　　清代臺灣移民社會崇拜的神祇種類繁多。渡臺初期，鄉土神崇拜最為盛行，如漳州人奉祀開漳聖王；同安人信奉保生大帝；安溪人祭拜清水祖師；客家人多信仰三山國王等。而移民渡臺及商舶興販均必須航海，為

---

[12]福建山多田少，地狹人稠，唐宋以下，人口壓力日增。為解決人口壓力，閩人一面廣種經濟作物，發展工礦漁鹽；一面從事海內外貿易，形成重商趨利的社會傳統。粵東地區與福建情況相近，其近海者往海上發展，經營漁鹽商業，附山者種植經濟作物並發展手工業，社會亦明顯具有重商趨利之風。

祈求平安，媽祖，玄天上帝、水仙尊王等具海神性格的
神祇，也普獲崇敬。同時，為驅疫消災。民間對王爺之
類的瘟神和保生大帝之屬的醫神也廣泛崇拜。至於遍處
存在的土地公，因有保護農業和興利聚財兩種神格，故
無論是經商企求財源廣進，或務農祈求五穀豐登，無不
加以虔誠祭拜。此外，由於早期移民中，單身的「羅漢
腳」不少，而臺灣生存環境險惡，客死他鄉或遭變橫死
者即成孤魂野鬼，為免其作祟，故多有應公廟，大眾廟
等屬鬼祭祀。

　　民間的宗教活動，由於主要訴求在消災解厄和祈福
求財，因而具有強烈的功利取向。不過，臺灣的各種社
群組織，也經常以祭拜鬼神的宗教活動，作為凝聚人心
或規範行為的手段。顯然，民間宗教除了有效滿足信眾
的心理需求外，也能發揮統整社群的重要功能。

圖 2-17　供奉開漳聖王的基隆市奠濟宮：基隆的「廟口小吃」鼎
　　　　　鼎有名，其中的「廟」，指的就是主祀漳州守護神開漳
　　　　　聖王的奠濟宮。

　　疾病輒令禳（音音ㄖㄤˊ）①
之。又有非僧非道，各客仔
師，攜一撮米，往占病者，謂
之米卦，稱說鬼神，鄉人為其
所愚，倩貼符行法而禱於神，
鼓角喧天，竟夜而罷，費已三
五金矣。
　①禳，祭禱消災之意。

　　周鍾瑄《諸羅縣志》中所描
述的清代臺灣社會尚巫信鬼現
象。

圖 2-18   奉醮保生大帝的臺北市大龍峒保安宮：保生大帝是泉州
           同安人的守護神。大龍峒的保安宮，建於清嘉慶 10 年
           （1805），屬於二級國家古蹟。

圖 2-19   奉醮三山國王的苗栗縣卓蘭鎮卣崙廟：三山國王指廣東
           省揭陽縣阿婆墟的明山、獨山、巾山三座山神的總稱。
           是臺灣客家人最重要的守護神。

圖 2-20 淡水鎮清水祖師廟：清水祖師是泉州安溪人的守護神。
相傳清末中法戰爭時，淡水守軍得祖師爺顯靈方才擊退
入侵的法軍，可見此廟在淡水的重要地位。

問題與討論

一、 分析說明清代臺灣移民社會中的移民分布情形。

二、

戶數	人口總數	60 歲以上人數		16歲至60歲人數		16 歲以下人數		合計	
79	257	男	6	男	250	男	無	男	256
		女	無	女	1	女	無	女	1

資料來源：《臺灣省通志‧人民志人口》第 1 冊，頁 60 上。

上表是康熙 60 年（1721）諸羅縣大埔莊的男女人口比例。

請問： 1.表中的人口結構顯示了什麼特徵？

2.表中的人口結構是什麼因素造成的？

3.表中的人口結構反映了當時的社會存在著那些問題？

三、 清代臺灣的移民社會中，有那些風尚習氣有助於當時及後來臺灣經濟的發展？

四、 清代臺灣移民社會中的民間宗教信仰具有何種特徵？那些特徵在現代社會中依然存在？請舉證說明之。

第三章

外力衝擊與晚清變局

　　十九世紀中期，鴉片貿易問題使中英衝突不斷升高，終至爆發戰爭，清廷被迫簽下近代中國第一個不平等條約。此後一百多年間，中國門戶洞開，領土與主權備受摧殘。外有列強環伺侵逼，內有民亂此起彼落。古老帝國在亡國滅種的憂患中，天朝大夢終於逐漸覺醒，而各種不同的救國方策亦由此孕育而生。

第一節　不平等條約與國勢的衰頹

● 不平等條約的開端

道光 20 年（1840），英國因鴉片問題挑起戰爭，此後一年餘間，英軍相繼攻陷東南沿海重要城市，直逼南京。道光 22 年（1842），清廷被迫在南京議和，由欽差大臣耆英與英國全權大臣樸鼎查（Henry Pottinger）簽訂了中國近代第一個不平等條約，是為《南京條約》。

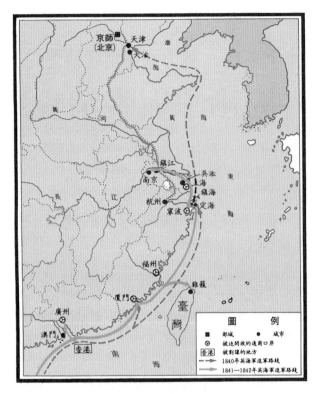

圖 3-1　鴉片戰爭形勢圖

約中主要內容包括：一、割讓香港；二、賠款兩千一
百萬元；三、開放廣州、廈門、福州、寧波、上海五
處為通商口岸；四、廢止公行制度，英商可以自由貿
易。翌年，又簽訂了《中英五口通商章程》和《虎門
條約》作為《南京條約》的附約。在這些條約中，英
國取得領事裁判權①、協定關稅②、片面最惠國待遇

①外國僑民在居留國犯罪或成為民事被告時，只受本國領事或由其本國
　在居留國所設立的法庭依照本國法律審判，此種外國僑民不受居留國
　法律管轄的特權，稱為「領事裁判權」。
②即進出口貨物的稅率，均須由中國與外國政府協商訂定，中國不能自
　行提高關稅。

③等，使中國主權受到極大的損害。耆英對當時歐美通
行的「國際法」毫無認識，反以為締約有益國課，又有
諸多便利，無形中喪失了許多國家權益而不自知。

　　中國對英開放五口，貿易放寬，其他各國亦不甘落
後，接踵而至。道光 24 年（1844），美、法兩國緊步英
國後塵，迫使清廷訂立《中美望廈條約》與《中法黃埔
條約》，享有與英國同樣的特權。此外，葡萄牙、比利
時、瑞典、荷蘭、西班牙等國也相繼要求訂約，清廷本
著「一體均霑」的原則，均予比照辦理。

圖 3-2　寧波街景。克里醫生（Edward H. Cree）於 1844 年 12 月旅
　　　　次寧波時所畫。對寧波大街上的商店和熙來攘往的人群有
　　　　生動的描繪。

---

③中國給予外國通商、航海及法律等方面的優惠或特權等待遇，但只片
　面規定該國單方面享有，中國並無對等權利，故稱「片面最惠國待
　遇」。

圖 3-3　上海灘的洋行。約 1850 年繪。圖中兩層樓建築的洋行，位於上海外灘的江海關附近。

● 喪權辱國的天津與北京條約

鴉片戰爭以後，中外關係丕變，但中國並未由此覺醒，朝臣中主張強硬對外的勢力抬頭，其中以廣東巡撫葉名琛最為激烈。英、法兩國則因廣州進城問題、公使不能進駐北京，以及《南京條約》尚未達到全部開放通商的目的，於咸豐 4 年（1854）要求修改條約，葉名琛置之不理。不久，中西再啟戰端。

咸豐 7 年（1857），英法藉口前一年發生的「亞羅號」事件及法國神父在廣西被殺事件，聯合出兵廣州。咸豐 8 年（1858），英法聯軍攻陷大沽砲臺，迫使清廷簽訂中英、中法《天津條約》。

翌年，中英因換約問題，衝突再起。咸豐 10 年（1860），英法聯軍再度北上，攻占天津、北京，焚毀圓明園，文宗北走熱河。清廷被迫與英、法簽訂喪權辱國的《北京條約》。

表 3-1　中英、中法《天津條約》與《北京條約》主要內容

條約名稱	訂約時間	主　要　內　容
中英、中法《天津條約》	咸豐 8 年（1858 年）	1.各國公使常駐北京； 2.開牛莊①、登州②、臺灣、淡水、潮州③、瓊州、漢口、九江、南京、鎮江等為通商口岸； 3.各國傳教士可往內地自由傳教，商人等可至內地自由通商、遊歷； 4.各國商船和軍艦可在長江各口岸自由往來和活動； 5.賠償英法軍費各二百萬兩、英商損失二百萬兩。
中英、中法《北京條約》	咸豐 10 年（1860 年）	1.賠償英法軍費各八百萬兩； 2.割九龍尖沙咀給英國； 3.開天津為商埠。

①開埠時改為營口；②開埠時改為煙臺；③開埠時改為汕頭。

　　兩次英法聯軍實為鴉片戰爭的延續，《天津條約》、《北京條約》簽訂之際，俄、美等國先後援例與中國訂約。中國對外口岸至此增至十六處④，外人可至內地遊歷經商，活動區域不再受限，洋貨逐漸流入內地。治外法權則更為廣泛，外人盡成特權階級，對中國主權的危害深鉅。

● 俄國的蠶食鯨吞

　　自明末以來，俄國即積極東進，一面以武力擴張領土；一面欲與中國通商，屢次遣使窺探中國國情。鴉片戰後，俄人侵略東北益亟。英法聯軍戰火方殷之

④咸豐 10 年簽訂《北京條約》後，新開與已開口岸有沿海的營口、天津、煙臺、上海、寧波、福州、廈門、臺南、淡水、汕頭、廣州、瓊州，以及長江流域的鎮江、南京、九江、漢口，共十六處。

圖 3-4　被英法聯軍焚毀後的圓明園廢墟。圓明園始建於康熙 48 年
　　　　（1709），周長約十餘公里，有「萬園之園」之稱。咸豐
　　　　10 年（1860）英法聯軍劫掠園中珍物，並縱火焚毀。圖為
　　　　現存園中的西洋樓廢墟。

際，俄國趁火打劫，要求畫定界址，增開口岸。清廷以
奕山為黑龍江將軍，與俄進行交涉，咸豐 8 年（1858），
奕山懾於俄人兵威，與俄國簽訂《璦琿條約》，約中規
定：黑龍江以北為俄所有；烏蘇里江以東之地由中俄共
管；黑龍江與烏蘇里江，中俄共同航行。此約使清廷喪
失了六十多萬平方公里的領土，為中國近代史上失地最
多的條約。

圖 3-5　十九世紀俄國侵占中國東北及西北領土示意圖

　　英法聯軍進京後，俄人更乘虛而入，藉口調停有功，索求報酬。清廷迫於情勢危急，於咸豐10年（1860）10月簽訂《中俄北京條約》。清廷同意烏蘇里江以東之地歸俄所有，並開放庫倫等地通商。俄人不費一槍一彈，不僅盡得英、法等國享有之權益，且輕易奪取中國廣大的領土。此後二十多年間，俄國更藉口勘定國界，奪得西北一帶許多土地。

● 《馬關條約》與瓜分危機

　　日本自「明治維新」以後，國力日盛，並積極對外擴張。光緒20年（1894），朝鮮發生「東學黨之變」⑤，日本乘機出兵，挑起了中日甲午戰爭。結果北洋艦隊嚴重受創，中國慘敗⑥。清廷以李鴻章為全權大臣，於光緒21年（1895）與日本首相伊藤博文簽訂了屈辱的《馬關條約》，條約主要內容有：一、中國承認朝鮮自主；二、中國割讓遼東半島、臺灣、澎湖列島給日本；三、賠償日本軍費二萬萬兩；四、准許日本在通商口岸設廠從事工藝製造等。後因俄、德、法三國干涉，日本歸還遼東半島，中國則付銀三千萬兩給日本以為補償。

　　《馬關條約》是繼《南京條約》之後最嚴重的不平等條約，不僅新的通商口岸與內河航線的開闢，使列強勢力更深入內地；外人在口岸設立工廠，使本國工商業難以競爭，經濟損害深鉅；為了償付鉅額賠款，清廷向

---

⑤東學黨原是一種半宗教性的會黨組織，光緒20年，朝鮮內政腐敗，民生困窘，東學黨叛變，朝鮮政府請求中國收兵協助平亂，是為「東學黨之變」。

⑥戰爭期間，宮中正在籌備慈禧太后六十萬壽慶典，大肆鋪張。慈禧挪用海軍經費修建頤和園的工程仍持續進行。

圖 3-6　李鴻章（1823～1901），字子黻、漸甫，安徽合肥人。晚
　　　　清軍政重臣，淮軍創始人，自強運動的主要倡導者。曾任
　　　　湖廣總督、直隸總督兼北洋大臣等。卒諡文忠。

列強借款，經年靠借貸度日；三國干涉還遼更加深了列
強在華的利益衝突。俄國因還遼有功而贏得清廷的信
任，光緒22年（1896），清廷特派李鴻章赴俄參加沙皇
加冕典禮，結果與俄國簽訂了《中俄密約》，中國允許
西伯利亞鐵路通過中國境內以達海參崴，並可在鐵路沿
線開礦設廠。

　　甲午慘敗，徹底瓦解了中華帝國的天朝形象，列強
深知中國不堪一擊，對華侵略從此更為變本加厲。光緒
23年（1897），德國藉口傳教士在山東遇害，派兵強占
膠州灣。次年並強行租借青島，山東遂成德國的勢力範
圍。俄、法、英、日等國旋競相仿效，紛紛要求租借港
灣、畫分勢力範圍，中國一時陷入瓜分亡國的危機。

圖 3-7　列強在中國畫分勢力範圍

　　光緒25年（1899），美國國務卿海約翰（John Hay）
發表「中國門戶開放宣言」，要求列強尊重中國主權，
各國在華貿易機會均等，中國才得以免除被瓜分的厄
運。但此後列強侵華從商品輸出轉為資本輸出，在中國
設立銀行、強迫貸款、修築鐵路、開礦設廠，操縱中國
的財政經濟，西力侵逼有增無已。

表 3-2　清末列強租借港灣及勢力範圍簡表

國　　家	租　借　港　灣	勢　力　範　圍
德　　國	膠州灣	山　東
俄　　國	旅順、大連	長城以北
法　　國	廣州灣	廣東、廣西、雲南
英　　國	新界、威海衛	長江流域
日　　本		福　建

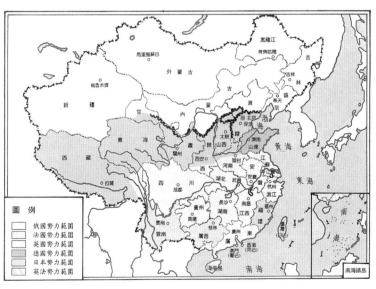

圖 3-8　甲午戰爭後列強在華勢力範圍示意圖

　　總之，自鴉片戰爭以後，列強挾其堅船利砲，由南
而北，從沿海到內地，一步一步地打開了中國的門戶，
原來閉關自守的帝國被迫進入世界市場體系。而在一連
串不平等條約的枷鎖下，國家主權與領土飽受侵害，更
使古老中國的天朝形象逐步摧毀。

問題與討論

一、《南京條約》簽訂時，中英雙方的國際觀念有何不同？這些觀念對此後清廷處理對外條約的態度有何影響？

二、光緒21年（1895），有人在北京城門上題了如下的對聯：

　　　　萬壽無疆，普天同慶；

　　　　三軍敗績，割地求和。

　　請逐句解釋其含義，並發表你對這段歷史的感想。

三、想一想：清末正當列強瓜分在華勢力範圍之際，美國提出「中國門戶開放政策」的目的何在？此一政策是否有利於美國？

第二節　社會動亂與地方勢力的興起

● 社會不安與民亂迭起

清朝中葉以後，中國不僅因列強蠶食鯨吞而危機重重，同時此起彼落的民眾叛亂也使清廷飽受威脅。乾隆晚期，國勢中衰，政風日壞，寵臣和珅執政二十年期間，營私納賄，貪污成風，更使吏治腐敗達於極點。加以人口激增⑦，糧食不足，土地兼併日烈，因此民生日趨困窘，農民或不務正業，或淪為盜匪，社會不安逐漸浮現⑧。

表 3-3　清代前期全國人口遞增表

年　　代	人　口　數
順治 18 年（1661）	21,068,609 人
乾隆 6 年（1741）	143,411,559 人
乾隆 57 年（1792）	307,467,279 人
道光 21 年（1841）	413,457,311 人

嘉慶元年（1796），湖北、四川一帶爆發白蓮教之

---

⑦康熙 51 年（1712）詔令「盛世滋丁，永不加賦」，規定以康熙 50 年全國的丁冊為準，以後續生人丁，不再加徵稅收。此後地方官往往多報人口數，以示太平。如表 13-3 中，乾隆初年人口數多達順治 18 年之 7 倍。

⑧乾隆 57 年（1895），貴州苗民叛變，是盛清的重大民亂。

亂，歷時八年，終告平定。嘉慶 18 年（1813），直隸天理教徒作亂，一度攻入北京城，清廷震恐。這些亂事雖得以平定，帝國的衰象卻已顯露無遺。

● 洪秀全與太平天國

鴉片戰爭以後，清廷割地賠款，不僅導致賦稅不斷增加，戰後鴉片貿易的擴大，使白銀大量外流，更加深社會的不安；加上道光末年，水旱不斷，饑荒連年，積壓已久的民怨，終於匯聚成更大的動亂——太平天國。

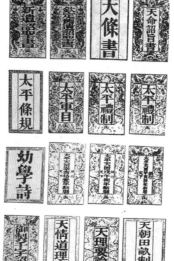

圖 3-9　太平天國玉璽和印文。圖為太平天國定都天京（今南京）後，天王洪秀全的玉璽，下為其印文。

圖 3-10　太平天國印書。太平天國建都天京以後，陸續頒印多種書籍，統稱為「太平天國印書」。其中的《欽定舊遺詔聖書》、《新遺詔聖書》即基督教的《舊約聖經》和《新約聖經》。

太平天國的領袖是廣東花縣人洪秀全。他出身農家，屢次應試秀才不第。他曾在廣州從傳教士手中得到一本宣傳基督教的小冊子《勸世良言》，後來，洪秀全附會基督教的教義，加上中國傳統的民間信仰，在廣西創立拜上帝會，四出傳教，加入者漸多。當時兩廣連年災荒，洪秀全遂於道光 30 年底(1851)在廣西桂平縣金田村起事。第二年，攻占永安（廣西蒙山縣），建號「太平天國」，洪秀全自稱天王，楊秀清等將領也分別封王⑨。

咸豐 3 年（1853），太平軍攻下南京，定為都城，改名天京。設置百官，實施政教合一制度；提倡男女平等，婦女亦可應試，禁止納妾、蓄婢、纏足；頒布「天朝田畝制度」，規定全國土地收歸國有，按口授田，以達到「無處不均勻，無人不飽暖」為理想。

太平天國自起事並定都天京，兩年之間，席捲東南，聲勢頗大。但後來在曾國藩的湘軍、李鴻章的淮軍和洋人組織的常勝軍圍攻下，節節失利，終於同治 3 年（1864）潰敗而亡。太平天國起事騷動十八省，歷時十四年，究其失敗原因，主要有下列三點：

一、違背文化傳統：太平軍不拜祖先，破壞廟宇，搗毀神像，禁讀孔孟書籍，又崇奉「夷人」的上帝，這些違背傳統文化的措施，不僅引發一般民眾的反感，更激起知識分子的強烈反彈。

二、戰略失誤：太平軍只知攻城掠地，始終未能建立堅強的基礎，許多土地旋占旋失；定都天京後，並未以全力北伐，更坐失戰略先機。

三、諸王內訌：太平軍領袖學識與才略有限，進入天京後，貪圖享樂，生活日趨腐化，又為了爭權奪利，

天朝田畝制度：
凡天下田，天下人同耕，此處不足，則遷彼處。……務使天下共享天父上主皇大帝大福，有田同耕，有飯同食，有衣共穿，有錢同使。無處不均勻，無人不飽暖。

---

⑨楊秀清封為東王，蕭朝貴為西王，馮雲山為南王，韋昌輝為北王，石達開為翼王。

互相殘殺，導致嚴重分裂，成為一大致命傷。

太平天國終雖失敗，但其宣揚的反滿思想，使漢人的民族意識逐漸抬頭，播下了日後革命的種子；亂平以後，湘、淮軍出身的漢人將領聲望與權力大增，紛紛出任封疆大吏，使漢人的政治地位大為提高，地方督撫的權力也隨之增強。

● 義和團與庚子事變

太平天國之役後，中國其他地區也爆發了各種叛亂活動。黃淮一帶的捻亂，陝、甘、新疆的回變，前後延續十餘年之久，經曾國藩、李鴻章、左宗棠等大臣力剿，各地亂事終告平定。到光緒 26 年（1900），又爆發了義和團之亂。

圖 3-11　義和團牌。義和團民以「同保大清，掃除洋孽」為號召，以此牌奉旨捕殺洋人。

清朝中葉，華北一帶民間宗教與武術團體合流的現象十分普遍，許多教派結合拳術、氣功和巫術，到處傳教，吸引徒眾。義和團原名義和拳，最初也是此種結合武術與民間祕密宗教的組織之一。其成員以鄉村農民為

主，號稱降神附體、畫符念咒，可以刀槍不入。

　《天津條約》訂立後，准許西方傳教士到中國內陸傳教。由於信仰與習俗的差異，民教衝突不斷，各地「教案」迭起。光緒23年(1897)，山東民眾攻打鉅野縣的德國教堂，兩名教士被殺，德人乘機進占膠州灣，山東的仇外情緒大為高漲，拳民以「扶清滅洋」為號召，紛與教士、教民為敵。

圖 3-12　義和團逮捕日本人。義和團大肆殺害教士教民，仇外情緒沸騰，圖為拳民逮捕日本人並加以審問的情形。

圖 3-13　被捕的義和團民。圖為被八國聯軍俘虜的義和團民。

　　清廷對義和團剿撫不定，官員的對策也和戰不一，
慈禧太后因戊戌政變後，外人援助康梁，並干涉廢立，
仇洋反教日甚，大學士剛毅又力稱拳民神術可信，慈禧
信以為真，乃密召義和團進宮，並在北京城內遍設拳
壇。拳民毀教堂、拆鐵路，大肆殺害教士、教民，甚至
用洋貨、藏洋書、戴眼鏡之人，也被視為「毛子」⑩而
慘遭殺害。不久，日本公使館書記和德國公使在混亂中
被殺。列強紛從天津派兵進京，準備對中國用兵。光緒
26 年（1900）5 月，慈禧太后下令向各國宣戰。英、美、
德、法、日、俄、義、奧八國組成聯軍，占領天津，攻

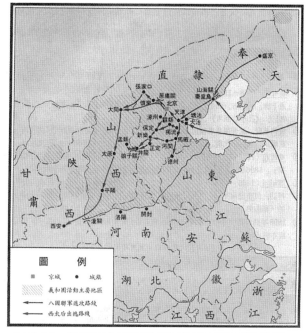

圖 3-14　義和團主要活動地區和八國聯軍進攻圖

---

⑩義和團稱洋人為「大毛子」，教士為「二毛子」，教徒為「三毛
　子」，用洋貨、藏洋書者，也以毛子視之，共有「十毛子」等名目。
　拳亂期間，凡是毛子都在被殺之列。

陷北京，並大肆報復，其中俄、德兩軍尤為殘暴。慈禧偕光緒帝逃往西安，並派李鴻章與各國議和，於光緒27年(1901)簽訂《辛丑和約》，才結束了這場由仇外情緒惹起的戰爭。

● 從仇外到懼外

自道光中葉以來，中國門戶大開，民眾從南到北，逐步與全然不同的西方文化發生接觸，有的人受西方影響，如洪秀全；有的則與西方勢力發生嚴重的衝突，義和團之亂可說是這種衝突的高峰。經過庚子之役的慘敗，原來充滿民族主義激情的仇外心理，逐漸轉成懼外媚外，民族自信心自此蕩然無存。

● 湘淮軍與地方勢力的興起

太平天國之亂及其後持續的動亂，清廷的八旗與綠營已無力應付，主要是仰賴湘軍和淮軍的力量平定。湘軍的創辦人曾國藩是湖南湘鄉人，咸豐初年，奉命辦理湖南全省團練抵抗太平軍，於是招募家鄉的鄉勇而成湘軍。其成員都是淳樸的鄉里農民，兵將相習，加上嚴格的訓練和儒家的精神教育，強調衛鄉、衛道、衛國，勇猛善戰。後來，曾國藩撥出一部分湘軍，協助李鴻章成立淮軍。到同治年間，這一類的地方軍，已成清帝國的國防主力。

太平天國之亂以後，出身湘軍與淮軍的將領，紛紛出任巡撫、總督等封疆大吏，由於軍事的需要，督撫的兵權與財政權大增，使地方勢力逐漸提高。八國聯軍之役期間，兩廣總督李鴻章、湖廣總督張之洞、兩江總督劉坤一等地方大吏，與列強簽訂《東南互保章程》，約

圖3-15　曾國藩（1811~1872），字居武，號滌生，湖南湘鄉人。
　　　　晚清重臣，湘軍創辦人，自強運動的主要倡導者。畢生服
　　　　膺程朱理學，卒諡文正。

定中外互保，兩不相犯，使東南各省免於戰禍，更說明
了朝廷力量的式微與地方勢力的提升。

圖3-16　張之洞(1837~1909)，直
　　　　隸南皮（今河北南皮）
　　　　人。清末重臣，自強運
　　　　動的代表人物之一。曾
　　　　任湖廣總督、兩江總
　　　　督、軍機大臣等。

圖3-17　劉坤一(1830~1902)，
　　　　湖南新寧人。清末湘
　　　　軍將領。曾任江西巡
　　　　撫、兩廣總督、兩江
　　　　總督等。庚子之役期
　　　　間，與張之洞倡議東
　　　　南互保。

問題與討論

一、閱讀下列資料，回答問題：

　　天下多男人，盡是兄弟之輩；天下多女子，盡是姊妹
　　之群。何得存此疆彼界之私，何可起爾吞我并之念。

　　（洪秀全，《原道醒世訓》）

(一)洪秀全對女性的看法與傳統觀念有無不同？

(二)這段資料反映了太平天國怎樣的理想？你贊同他們
　　的理想嗎？

二、閱讀下列資料，思考問題：

　　粵匪竊外夷之緒，崇天主之教，自其偽君偽相，下逮
　　兵卒賤役，皆以兄弟稱之。惟為天可稱父，此外凡民
　　之父，皆兄弟也；凡民之母，皆姊妹也。農不能自耕
　　以納賦，而為田皆天王之田。商不能自賈以取息，而
　　謂貨皆天王之貨。士不能誦孔子之經，而別有所謂耶
　　穌之說、《新約》之書。舉中國數千年禮義人倫，詩
　　書典則，一旦掃地蕩盡。此豈獨我大清之變，乃開闢
　　以來名教之奇變，我孔子、孟子之所痛哭於九原！凡
　　讀書識字者，又烏可袖手安坐，不思一為之所也？

　　（曾國藩，《討粵匪檄》）

(一)這段文獻反映太平天國與中國傳統文化有那些衝
　　突？

(二)你認為曾國藩這篇檄文對當時的知識階層會有怎樣
　　的影響？

第三節　自強、變法與革命

師夷長技以制夷

鴉片戰爭以後，魏源即曾提出「師夷長技以制夷」的主張，他所指的「夷之長技」，包括戰艦、火器、練兵三項，可惜並未受到重視。英法聯軍之役，中國敗於洋人的船堅砲利；太平天國之亂，清廷也曾得洋人先進武器之助。朝野部分人士覺察中西接觸既不可免，只有效法西方，以圖富國強兵，因而展開近代中國第一個向西方學習的運動，史稱「自強運動」。

圖 3-18　恭親王奕訢（1832～1898），清宣宗第六子，咸豐元年
　　　　（1851）封恭親王。清末自強運動領袖之一，咸豐 11 年
　　　　受命主持總理各國事務衙門。甲午戰爭期間，出任軍機
　　　　大臣，督辦軍務。

● 自強運動的開展與挫折

自強運動從咸豐 10 年底（1861）起，到光緒 20 年（1894）甲午戰爭爆發止，歷時三十餘年。推動自強事業的主要人物，中央有恭親王奕訢、軍機大臣文祥，地方有曾國藩、李鴻章、左宗棠、張之洞等。自強運動初期只講求「強兵」，以軍事建設為重心，如設立江南機器製造局、福州船政局，建立北洋海軍，以學習西洋的軍事技術與訓練；設立京師同文館⑪和廣方言館⑫，並派遣留學生出洋學習，以培養洋務人才，達到「制夷」的目的。中期以後，才逐漸把自強新政擴展到與國計民生有關的企業，如開設電報局、輪船招商局、織造廠、修築鐵路、開採礦產等。此外，近代中國許多新的外交觀念，也在自強運動期間形成，如設立總理各國事務衙門⑬，派遣外交使節和留學生等，使中國正式走進國際社會。

甲午戰爭爆發，結果中國敗給新興的島國日本，等於宣告了自強運動的失敗。究其原因，除了守舊派的盲目反對，形成自強新政的阻力外，自強運動的領導人物識見不足，他們大都抱持中國文化優於西洋文化的成見，

---

⑪京師同文館設立於同治元年（1862），是中國第一個學習外國語文的學校。設有英文館、法文館、俄文館、德文館和日文館。光緒 28 年（1902），併入京師大學堂。

⑫廣方言館又稱「上海同文館」，於同治 2 年（1863）在上海設立的學習外國語文的學校，招收十四歲以下的學童。最初分英文與法文兩班，後來又增設日文、俄文班。

⑬總理各國事務衙門設立於咸豐 10 年底（1861），是主管外交、通商及其他對外事務的中央政府機構，這也是近代中國第一個專門辦理外交事務的中央機構，簡稱總理衙門。

圖 3-19　首批派往美國留學的幼童。清末派學生出國留學，始於
　　　　　同治 11 年（1872）遣幼童赴美。學生自 12 歲到 20 歲不
　　　　　等，共 120 人，分 4 批出國，圖為是年首批赴美的幼童。

圖 3-20　江南製造局砲廠。自強運動期間，在上海設江南機器製
　　　　　造總局，簡稱江南製造局，主要製造槍砲和修造輪船，
　　　　　圖為該局之砲廠。

以為西人除了船堅砲利以外，並無其他長處，因此，自
強事業一切以軍事工業為重心，結果學到只是物質技術
的皮毛而已。

● 變法思想的蔚起

甲午戰敗，中國蒙受割地賠款之辱，接著又面臨列強瓜分的危機，有識之士有感於國家已到存亡絕續的關頭，必須大力改革才能圖存，於是興起了另一波向西方學習的運動——變法維新。

圖 3-21 康有為（1858～1927），字廣廈，號長素，廣東南海人。《馬關條約》簽訂時，聯合赴京會試的舉人 1300 餘人上書，要求拒簽和約，變法圖強。光緒 24 年（1898），在光緒帝支持下，展開變法維新。戊戌政變後，逃亡出國。此後組織保皇會，反對民主革命。

圖 3-22 梁啓超（1873～1929），字卓如，號任公，又號飲冰室主人，廣東新會人。與其師康有為倡導變法維新，並稱「康梁」。戊戌政變後逃亡日本，辦報主張立憲保皇。民國成立後，以立憲派為基礎組成進步黨，曾任司法總長與財政總長。

圖 3-23　宣傳變法的主要刊物。光緒 21 年至 24 年（1895～1898）
　　　　　間，康有為、梁啓超等維新派人士先後創辦《萬國公報》
　　　　　（後改名《中外紀聞》）、《強學報》、《時務報》、
　　　　　《國聞報》、《湘學報》等刊物，宣揚西學，鼓吹變法，
　　　　　影響及於全國。

　　維新運動的主要人物是康有為和梁啟超。康有為自
幼接受傳統教育，後來遊歷香港、上海，又廣讀譯書，
對西方文明的進步，認識日深。光緒 21 年（1895）中日
馬關議和，康有為和他的學生梁啟超正在北京參加會
試，聯合各省舉人上書建言，要求變法圖強，未受朝廷
接納。為了宣揚維新思想，他在北京設強學會，出版刊
物，議論時政，梁啟超也在上海辦《時務報》，極力鼓
吹變法。影響所及，各省學會、報館紛紛成立，變法思
想蔚為風潮，風氣為之一變。

● 百日維新與戊戌政變

光緒帝夙有變法圖強之意，只因受制於慈禧太后，並
無實權，難以施展抱負。光緒 24 年（1898）初，
德國奪據膠州灣，全國震動。康有為再次上書，痛陳時
局之危殆與變法的迫切，光緒帝深受感動，決心變法。
於是召見康有為，並於這年 5 月下詔變法，至 8 月中旬

圖 3-24　慈禧太后（1835～1908），
　　　　　葉赫那拉氏，滿洲正黃旗
　　　　　人。咸豐帝妃，同治帝母。
　　　　　光緒帝即位後，仍以太后繼
　　　　　續聽政。光緒 24 年，發動戊
　　　　　戌政變，幽禁光緒帝，廢除
　　　　　新政。辛丑（1901）以後，
　　　　　以實行「新政」和「預備立
　　　　　憲」抵制革命。

圖 3-25　清德宗光緒皇帝
　　　　　（1871～1908），
　　　　　名載湉，醇親王奕
　　　　　譞之子。即位時年
　　　　　僅四歲，由慈禧太
　　　　　后垂簾聽政。光緒
　　　　　15　年（1889），
　　　　　太后歸政，實則仍
　　　　　掌握大權。甲午戰
　　　　　敗後，光緒帝很
　　　　　想有所作為，起
　　　　　用康梁，實行變
　　　　　法，因慈禧發動
　　　　　政變而失敗。

前後，一百零三日之間，頒布了數十項維新的政令，史
稱「百日維新」。新政主要內容包括：一、教育方面：
廢八股，改試策論；籌辦京師大學堂，各省設高等學
堂，各府、州、縣設中小學堂。二、政治方面：廣開言
路；裁撤閒散衙署和冗官。三、軍事方面：裁併綠營，
改習洋槍；更新兵制，加強練軍。四、實業方面：設農
工商總局、礦務鐵路總局，興辦新式實業。

　　新政的範圍廣及政治、經濟、軍事、文教各方面的
革新，引起滿人「保中國不保大清」的疑懼與不滿。結
果以慈禧太后為核心的舊黨發動政變，幽禁光緒帝，捕
殺新黨譚嗣同等人⑭。康有為、梁啟超得英、日之助，
逃往國外。慈禧恢復聽政，新政幾乎全部廢除，史稱
「戊戌政變」。

● 從立憲到革命

甲　午戰後，有識之士普遍覺醒，有兩派人士從不同方
　　向謀求救亡之道：一是改革派，由康有為、梁啟超
所領導；一是革命派，由孫中山所領導。戊戌政變後，
梁啟超逃往日本，撰文鼓吹君主立憲，獲得張謇等知識
分子的響應。日俄戰爭，俄國敗於日本，更使國人深信
立憲才能強國，改革派遂積極謀求政體的改變。

圖 3-26　幽禁光緒帝的瀛臺。光緒 24 年，慈禧太后發動政變，幽
　　　　　禁光緒帝於瀛臺涵元殿（在今北京中南海），廢除新政。

---

⑭戊戌政變，譚嗣同被捕下獄，4 日後，與楊深秀、楊銳、林旭、劉光
　第、康廣仁等同遭殺害，世稱「戊戌六君子」。

　　光緒 31 年（1905），清廷為了消弭革命，緩和人心，派遣大臣考察憲政，翌年並宣布預備立憲。光緒34年（1908），清廷頒布憲法草案大綱，但規定的君權太重，預備立憲年限太長，國人大感失望。不久，光緒帝與慈禧太后先後去世，宣統繼位。此時清廷受立憲派請願風潮所迫，為維繫民心，於是在宣統 3 年（1911）成立內閣。但 13 名內閣大臣中，滿人竟占了 8 名，其中且有 5 人為皇族，時人譏為「皇族內閣」。至此，立憲派人士徹底絕望，轉而同情革命。

　　「皇族內閣」頒布後不到半年，「辛亥革命」在武昌爆發，革命黨成立湖北軍政府，各省紛紛宣布獨立。從甲午戰後兩個不同的救國途徑來看，謀求體制內改革的維新與立憲派都失敗了，主張推翻滿清、改變國體的革命派獲得最終的勝利。

問題與討論

一、李鴻章在《籌議製造輪船未可裁撤摺》中曾說：
　　自強之道，在乎師其所能，奪其所持耳。況彼之有此
　　槍砲輪船也，亦不過創制於百數十年間，而浸被於中
　　國已如是之速，若我果身通其法，愈學愈精，愈推愈
　　廣，安見百數十年後不能攘夷而自立耶？……愚臣以
　　為國家諸費皆可省，唯養兵、設防、練習槍砲、製造
　　輪船之費萬不可省，求省費則必摒除一切，國無以
　　立，終不得強矣！
　　這段文獻反映的是什麼時期的觀念和施政重心？你對
　　這一波學習西方的運動評價如何？
二、戊戌政變後，梁啟超曾說：
　　喚起吾國四千年之大夢，實自甲午一役始也。……吾
　　國一經庚申圓明園之變，再經甲午馬江之變，而十八
　　行省之民，猶不知痛癢，未嘗稍改其頑固囂張之習，
　　更待臺灣既割，二百兆之債款既輸，而鼾睡之聲，乃
　　漸驚起。（《戊戌政變記》附錄）
　　請根據這段話，說一說甲午戰爭對近代中國「憂患意
　　識」的影響。
三、分析甲午戰後守舊勢力與改革派失敗的關係，並根據
　　你的見聞，舉例說明什麼樣的觀念或行為可稱為守舊
　　派？

第四章

臺灣建省與乙未割讓

　　19 世紀是新帝國主義國家對外肆行擴張侵略的時代。臺灣因位處東亞戰略要地，遂成為列強覬覦的目標。咸豐 8 年（1858），臺灣被迫開港通商以後，涉外事件即愈形複雜。經同治 13 年（1874）日本侵臺事件的刺激後，清廷對臺政策轉趨積極。光緒 11 年（1885）中法戰爭後，清廷更警覺臺灣戰略價值之重要，除建制為行省外，更致力於臺灣的現代化建設。然而，甲午一役，臺灣淪為日本殖民地。從此，殖民地化的枷鎖與現代化的渴望，成為臺灣人的悲情。

第一節　建省前後的建設

● 列強侵擾與臺灣的危機

　　19 世紀中葉以降的東亞國際關係史，是一部列強侵略擴張的歷史，臺灣也再度面臨列強侵擾的危機。首先武力犯臺的是英國，英船於鴉片戰爭期間，曾襲擊基隆、彰化。其後英、美對基隆煤礦甚感興趣，有意來臺採購以解決其燃料供應問題。英法聯軍之役後，清廷被迫先後開放淡水、基隆、打狗、安平等通商口岸，自此臺灣的涉外關係擴大，面臨新的變局挑戰。

同治 6 年（1867），美國商船羅發號（Rover）在臺灣南端觸礁，船員悉遭「生番」殺害。美國駐廈門領事李仙得（Charles W. Legendre）來臺處理。當局以「生番」凶悍不可理會，且不歸地方官管束為由，未予理會。其後，李仙得再度深入番地，並與十八社頭目簽訂協議，宣稱臺灣番地不隸中國版圖，由是埋下爾後日本侵臺的遠因。

日本侵臺的牡丹社事件

日本在明治維新以後，積極向海外擴張。同治 10 年（1871），有琉球漂流民為臺灣「生番」所害，事本與日本無涉，惟日本正欲尋釁，藉此向清廷交涉；得知中國將「生番」視為化外，為政教所不及，乃進一步策劃征臺行動。

圖 4-1　原住民牡丹社抗日紀念碑（今屏東縣車城鄉石門古戰場）

圖 4-2　沈葆楨（1820～1879）福建侯官人，牡丹社事件發生後，奉命來臺籌辦防務。他是中國近代一個有膽識的政治家。

　　同治 13 年，日本藉口保護琉球屬民，悍然出兵侵臺，自琅璚（今恆春）登陸，肆行燒殺，牡丹社原住民壯烈抵抗①。清廷派福州船政大臣沈葆楨為欽差大臣，率軍來臺查辦。最後，中日在北京訂立專約解決。清廷同意日本此次行動乃「保民義舉」。給予遇害琉民家屬撫恤銀 10 萬兩，補償日軍銀 40 萬兩。惟臺灣主權終獲確保，清廷自是愈感臺灣形勢重要，治臺政策轉趨積極。

圖 4-3　沈葆楨在安平所建的億載金城（二鯤鯓砲台）

● 沈葆楨的新政建設

牡丹社事件後，沈葆楨積極推動新政建設。為健全制度，他奏請閩撫冬春駐臺半年，以整飭吏治；更重劃行政區域，增設臺北府，下轄淡水縣、新竹縣、宜蘭縣及基隆廳。自此確立臺北的政治地位。另於南端設恆春縣，中部設埔里社廳，東部設卑南廳，以加強後山地區的開發。在國防建設上，修建砲臺，購置洋砲、洋

————————————

①牡丹社位於今屏東縣牡丹鄉，當時為原住民部落。

槍，備輪船行駛閩臺之間，籌設福州、廈門至臺灣電線。

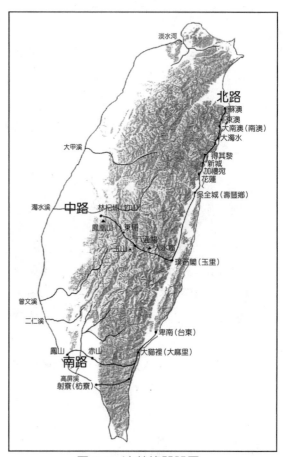

淡水河

北路
蘇澳
東澳
大南澳（南澳）
大濁水

大甲溪

得其黎
新城
加禮宛
花蓮

吳全城（壽豐鄉）

濁水溪　中路　林杞埔（竹山）

鳳凰山　東埔
八通關
玉山　大水窟
璞石閣（玉里）

曾文溪

二仁溪

卑南（台東）

鳳山　赤山　大貓裡（大麻里）

高屏溪　南路
射寮（枋寮）

圖 4-4　沈葆楨開路圖

　　為撫綏原住民及開發後山，除開闢北、中、南各路
山道②，又招徠漢人移墾。自此前山、後山畛域漸泯，
進而帶動臺灣全島的開發。

②沈葆楨開闢北路蘇澳至奇萊的山道，即今蘇花公路雛形；中路由林杞
　埔至璞石閣（今花蓮玉里）的山道，即今通稱的八通關古道；南路即
　今南迴公路的前身。

● 丁日昌的治臺

光緒2年（1876），閩撫丁日昌來臺擘畫經營。除懲治貪污，整飭吏治外，並奏請福建巡撫改為臺灣巡撫，常川駐臺。他積極招募客民墾殖後山，並加強原住民的教化與撫綏。又架設臺灣府城至安平、府城至旗後等電報線，並籌建鐵路，以通消息。丁氏視臺灣為中國南洋海防重鎮，曾奏請購置鐵甲船、新式武器等，以鞏固東南七省。為籌措經費，更積極提倡開礦和推廣種植經濟作物如茶葉、咖啡等。丁氏的規劃，已為臺灣勾畫出現代化的藍圖。

● 中法戰爭與臺灣

同治以來，中、法對越南宗主權的爭執不斷，光緒9年（1883），終於在北越爆發軍事衝突。法國為挾制清廷讓步，將戰線延伸到中國沿海，並企圖占領臺灣，淮軍名將劉銘傳遂奉命赴臺督辦軍務。劉氏因兵力不足，防務以北部為重心，置重兵於基隆、滬尾，嚴防法軍襲擊。

8月間，法軍孤拔（A.A.P. Courbet）率艦砲擊基隆，並從二沙灣登陸，清軍反擊之，迫法軍撤退。孤拔轉攻福州，毀馬尾船廠。未幾，法軍再攻基隆，進擊滬尾，並下令封鎖臺灣海峽。翌年，法軍再度砲轟基隆，進占澎湖媽宮。迄中法和議成立，法軍始行撤離。

中法戰後，清廷愈感臺灣地位重要，因而促成臺灣的建省，加速臺灣現代化的建設。戰爭期間，軍民奮勇抗法，激發臺人的民族意識，並在十年後的乙未抗日運動中大放異彩。

● 劉銘傳與臺灣現代化

光緒 11 年（1885），臺灣奉准改建行省，劉銘傳為首任臺灣巡撫。劉氏積極建設臺灣，其作法與沈、丁無大出入，而成就過之。其主要建樹有：

圖 4-5　劉銘傳（1836～1895）：臺灣建省後的首任巡撫，在臺前後七年，推行新政，奠定臺灣現代化的基礎。

圖 4-6　劉銘傳治臺時期的巡撫衙門

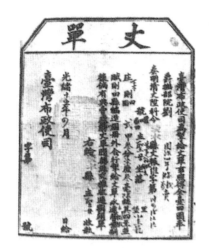

圖 4-7 劉銘傳治臺時期清丈田畝，圖為當時的土地丈單。

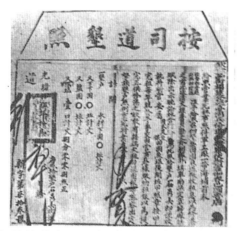

圖 4-8 劉銘傳鼓勵人民墾殖，開發山林，圖為當時的按司道墾
照。

一、增設府縣：除已增設的臺北府外，又將原臺灣府改
為臺南府，另在中部增設臺灣府。全省共設三府、
一州、十一縣、三廳，北、中、南大致均衡發展。
二、整頓財政：為使臺地財政獨立，劉銘傳著手清丈土
地，重定稅則，釐清土地所有權等改革措施，期使
臺省財政自給自足。

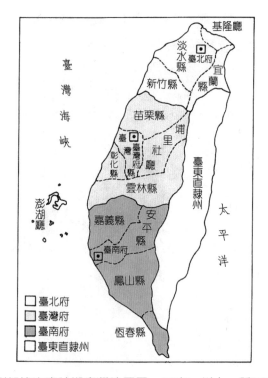

圖 4-9 劉銘傳治臺時期臺灣建置圖：三府一州十一縣三廳。

三、交通建設：興建縱貫鐵路，光緒 17 年（1891），完
　　成臺北到基隆段；19 年，延伸至新竹。購置輪船航
　　行於兩岸之間，航線遠達南洋。又鋪設南北電線，
　　及於福建；並創辦新式郵政，擴充基隆煤礦。

四、人才培育：先後創辦電報學堂、中西學堂，以培育
　　自強新政人才。

五、振興商業：重振樟腦、製茶及硫磺業，鼓勵機器製
　　糖，充實建設經費。又設商務局，以利對外貿易。
　　為招徠華僑投資，更於新加坡設通商局。此外，大
　　力建設臺北府城，一面整頓大稻埕，興建市街，吸
　　引商賈；一面擴充城內建設，使市容煥然一新，時
　　人有「小上海」之稱。

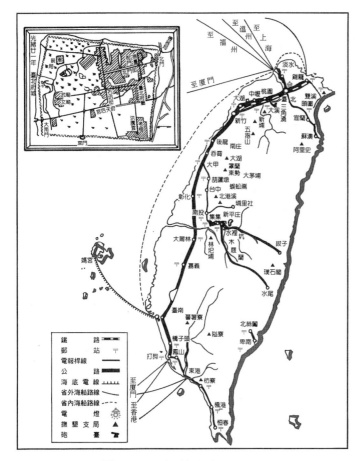

圖 4-10　劉銘傳在臺建設圖

六、撫墾與理番：全臺設撫墾局，以林維源為撫墾大
　　臣，統籌拓墾撫番事宜。遇漢原糾紛時，則剿撫兼
　　用，以安其業；並重視原住民教化工作。

　　劉銘傳主政期間，臺灣現代化事業頗多進展，成績
輝煌。在乙未割讓之前，臺灣已是中國現代化最進步的
省份。

問題與討論

一、清末以來，在那些外力的侵擾下，清廷才改變消極
　　的治臺政策，轉而積極建設臺灣？

二、請根據沈葆楨、丁日昌、劉銘傳三人的治臺措施，
　　描繪出清末時期臺灣最急迫的新政內容是什麼？

三、清末臺灣開港通商後的貿易型態，是後進地區對先
　　進地區的貿易，自 1860 年代至 1894 年間，這種貿
　　易型態對臺灣的政治、經濟、社會、文化造成何種
　　影響？利弊得失如何？

第二節　乙未割臺與臺民抵抗

● 馬關議和與割臺交涉

日本久蓄南進野心，同治 13 年的牡丹社事件已暴露其侵臺企圖，光緒 20 年 6 月（1894 年 7 月）甲午戰爭爆發後，中國海、陸軍皆敗，更予日本占領臺灣的良機。惟戰爭初期，日本以兵力不足，對於遠離朝鮮半島主戰場的臺灣、澎湖，並未列入進攻目標。其後日軍連戰皆捷，攻占遼東半島後，本擬進軍直隸，直取北京，因恐招致列強干預，乃轉而採取「直衝威海衛並攻取臺灣的方略」。

圖 4-11　李鴻章與日本簽訂《馬關條約》，將臺灣，澎湖割讓給日本。圖為中日雙方議和情形。

圖 4-12　光緒 21 年（1895）簽訂中日《馬關條約》的日本下關春
帆樓

　　清廷軍事一再失利，急欲謀和，經美國斡旋，派張
蔭桓、邵友濂為全權大臣赴日議和。但日本已別有所
圖，藉口張、邵兩人「全權不足」，拒絕和議，並示意
必須另簡足當割地賠款全權之大臣。隨即攻陷威海衛，
擄奪北洋殘餘艦隊。清廷不得已改派遣李鴻章赴日議
和。日本首相伊藤博文為先發制人，於李鴻章啟程之
際，特遣遠征軍進犯臺、澎，欲造成占領的既成事實，
作為要求割讓的談判籌碼。時澎湖守軍以寡不敵眾，且
倉促應戰，卒為日軍攻陷。惟直至《馬關條約》簽訂
止，臺灣本島尚無日軍蹤影。

　　自光緒 21 年（1895）2 月 24 日起，李鴻章與日本全
權代表伊藤會於馬關。伊藤提出苛刻的媾和條件，且
一再以兵威要脅，不割地則和議不成。時朝廷重臣翁同
龢、張之洞、劉坤一均力表反對，光緒皇帝亦沈痛表示
「臺灣割則天下人心皆去」，而軍機大臣孫毓汶、徐用
儀則認為非割地不能和局。李鴻章尚期待列強伸援，無
奈各國與日本早有默契，對割臺問題並不重視。清廷既
感危機深重，而內無可戰之兵，外乏列強之助，不得已
屈服於日本要求。3 月 23 日，雙方議定《馬關條約》，

正式將臺灣、澎湖割讓日本。

● 乙未割臺與朝野的反應

《馬關條約》割讓臺、澎，喪權辱國，消息傳來，全
國震驚，群情激憤，迅速掀起反割臺風潮。廷臣疆
吏紛紛上書，痛斥庸臣誤國，一時之間「章滿察院，衣
冠塞途」。在北京應試的各省舉人，更是義憤填膺，他
們在康有為邀集下，有一千三百餘人聯名「公車上書」，
指出「棄臺民即散天下」，要求清廷拒和、遷都、變
法，以挽救危急。當時報紙亦競相報導民眾對割地賠款
的痛恨，他們反對投降，要求堅持抵抗，表達了「我君
可欺，而我民不可欺；我君可玩，而我民不可玩」的心
聲③。割臺消息傳至臺灣，全臺為之震慄。紳民奔走相
告，聚哭於市。臺籍京官、翰林、舉人聯名上陳，直言
「與其生為降虜，不如死為義民」，情辭尤為悲壯。

　　由於割地一事引起朝議紛紜，臺灣民氣尤為激昂，
光緒皇帝曾一度拒絕用寶；清廷亦電諭李鴻章乘三國干
涉還遼之機，暫緩批准和約。惟李鴻章等主和派堅持割
臺以全和局，反對廢約再戰。清廷迫於內外情勢，終於
忍痛批准換約。

● 臺灣民主國的抗日運動

割臺已成定局，清廷恐臺事遷延，另生枝節，旋令巡
撫唐景崧率在臺官員內渡，又派李經方來臺與日本
首任臺灣總督樺山資紀辦理交割事宜。臺民聞訊，知全
島淪亡，危在旦夕，決心浴血抗拒，「願人人戰死而失

---

③《申報》，光緒 21 年 5 月 23 日（1895 年 7 月 15 日）。

臺，決不拱手而讓臺」。於是在臺籍紳民丘逢甲等人倡
導下，光緒21年5月2日，正式成立「臺灣民主國」④，
推舉唐景崧為總統，建號永清，改官制、製國旗，以期
商結外援，拒日保臺，聲稱事平之後，再請命中朝，仍
歸中國。

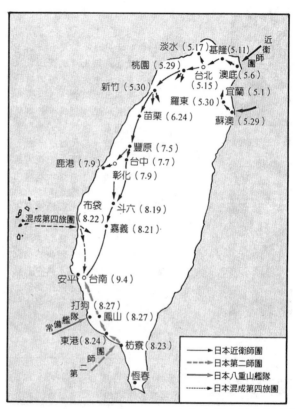

圖 4-13　1895 年日軍占領臺灣圖，圖中的臺灣各地失陷日期，均
　　　　為陰曆。

---

④臺灣民主國被稱為東亞第一「民主國」，其實當時所謂的「民主」，
　並非「以民為主」，而是「人民之主」的意思。其年號「永清」，意
　指永屬清朝。國旗用藍地黃虎旗，是因當時清朝採用龍旗，臺灣民主
　國不敢冒犯龍威，顯見當時臺人仍心繫中國。

圖 4-14　臺灣民主國國旗──藍地黃虎旗

圖 4-15　臺灣民主國印璽

　　臺灣民主國成立時，駐臺清軍大都相繼內渡，南北防務頓感空虛。紳民雖捐資募勇，成立義軍，但訓練不足，武器匱乏。其時全臺兵員總數僅約三萬三千人，北部以唐景崧為首，大陸兵勇為主；中部由丘逢甲、林朝棟任指揮，多為義勇團練；南部由劉永福領導，亦多民軍團練。由於缺乏海軍協防，制海權操之敵手，只能作陸上防禦，成為戰略的致命傷。而清廷的決絕與列強的

袖手旁觀，更陷民主國於孤立無援的絕境。5 月初，日軍主力由澳底登陸⑤，連陷瑞芳、基隆。唐景崧、丘逢甲倉皇出走，民主國一時群龍無首，臺北城陷於混亂。5 月 15 日，日軍遂進占臺北城，民主國僅存十三日而亡。5 月 25 日，臺灣總督府舉行「始政式」，宣布建立殖民統治政權。惟此時日軍實際僅占領基隆、臺北、淡水一帶，其他地區仍在抗日軍掌握之中。

● 日軍南下與中南部的抗日運動

「臺灣民主國」瓦解後，抗日中心移至臺南，由抗法名將劉永福繼起領導。此時原居社會領導階層的士紳多已棄職內渡，由文武生員及綠林豪傑等領導的義軍成為中南部抗日運動的主力。他們承臺灣民間的自衛傳統，具有強烈的守土意識，故能在臺北陷落後，迅速整編，予南侵日軍以重創。首先高舉抗日義旗的是桃竹苗地區，義軍統領徐驤、吳湯興、姜紹祖等，先後在新竹、大嵙崁、三角湧（今臺北縣三峽鎮）、苗栗一帶，與日軍近衛師團激戰，大小戰鬥二十餘次，牽制日軍達一個月之久。接著義軍退守彰化，協同黎景嵩的新楚軍與吳彭年的黑旗軍，浴血奮戰於八卦山，擊斃日軍千餘人，旅團長山根信城少將重傷斃命。義軍傷亡亦重，八卦山卒陷於敵手。其後，日軍連陷雲林、嘉義。義軍內乏糧餉，外無援兵，劉永福力撐危局，轉戰各地，予敵重創。終因兵匱餉絕，無以為繼；日本海軍又分從枋

---

⑤澳底屬宜蘭縣，為臺灣東北角的漁村，距三貂嶺僅十餘里；沿岸浪平水深，可泊巨艦。當時臺灣鑑於基隆、淡水曾在中法戰爭時遭受攻擊，認為日軍必由此二港登陸，因此大軍多駐守於此，澳底一帶並未置重兵，故為日軍所乘。

寮、布袋登陸，臺南三面受敵。是年 9 月，劉永福知事不可為，西走廈門，臺南遂告失陷。

　　以義軍及黑旗軍為主體的抗日保臺運動，雖然兵乏援絕，孤軍奮戰，竟能與日本現代化的陸海軍喋血戰鬥，堅持 5 個多月，前仆後繼，不畏強暴，表現了堅毅不屈的臺灣精神，並使日軍付出慘重代價。其傷亡人數比日軍在甲午戰爭中的損失多出將近一倍，高級將領能久親王亦負傷而亡，日本朝野為之震驚。

　　日軍因傷亡慘重，蓄意報復，所至燒殺搶掠，家破人亡。但臺灣人並不屈服，此後全臺的抗日行動屢仆屢起，使日本的殖民統治大受威脅。

圖 4-16　劉永福，曾率黑旗軍在越南打敗法軍的侵略。乙未割臺，
　　　　　臺灣同胞推舉劉永福領導抗日，防守臺南，嘉義淪陷後，
　　　　　永福孤立無援，不得已離臺內渡。

圖 4-17 澳底抗日紀念碑

問題與討論

一、日本海軍大將並曾擔任首相的松方正義曾說：

「臺灣之於我國，正如南門之鎖鑰，如欲向南發展，以擴大日本帝國之版圖，非闖過此一門戶不可。如因攻占臺灣而失去進攻北京之機會，就帝國百年大計設想，實無大損失，至少比攻北京而失臺灣更有大益。」

請問：

1. 針對松方所謂的「臺灣是日本南門的鎖鑰」，日本曾在何時試圖以武力取得？結果如何？

2. 松方為什麼說「如因攻占臺灣而失去進攻北京之機會，就帝國百年大計設想，實無大損失」？

3. 松方的「鎖鑰論」是在什麼時候實現的？日本人搶得了這把「鎖鑰」，對臺灣的歷史發展有何影響？

二、「臺灣民主國」號稱是東亞第一個「民主國」，但做為一個「國家」，她是不是革命的產物或獨立運動的結果？其創建者對當時的政治、社會狀況有無改革的理想？她的「國家」目標是什麼？

三、乙未割臺之際，臺灣士紳丘逢甲矢志「願人人戰死而失臺，決不拱手而讓臺」；巡撫唐景崧也誓言「萬眾一心，誓同死守」，但他們不久即棄職內渡，「臺灣民主國」也隨之而亡。你對他們的表現有何看法？在抗日保臺的慘烈戰爭中，那些人真正表現了堅毅不屈、不畏強暴的臺灣精神？

第三節　對日本統治的抗拒與調適

● 殖民統治體制的建立

日本在完成全島的軍事控制後，光緒 22 年（1896，明治29），又發布《六三法》⑥，賦予臺灣總督行政、立法、司法及軍事的專制獨裁權力，成為臺灣殖民地政治的一大特色。其後雖設有總督府評議會作為總督的諮詢機關，但該會屬幕僚會議，對臺灣總督的專制權力並無實質改變。

為維護並鞏固殖民統治，總督府首先強化警察職能，於全島各地密布警察網絡，凡市街庄皆普設派出所，地方政務均委由警察處理⑦，使之成為總督府獨裁統治的有力支柱。接著頒行《保甲條例》⑧，規定十戶為一甲，十甲為一保，居民相互連坐，並在警察督導下

---

⑥《六三法》即法律六十三號的通稱，是日本在臺灣實施的惡法之一。該法授權臺灣總督得於管轄範圍內，頒布具有法律效力之命令，成為奠定臺灣總督絕對權力的法律基礎。原先僅限實施3年，實際上從1896～1906年止，共維持了11年。

⑦總督透過警察與人民接觸，警察除執行一般公務外，尚須負擔保甲、鴉片、行政、戶口、刑決、收容、取締、衛生、稅捐，徵役等種類繁多的特別事務。

⑧臺灣總督府於1898年8月31日公布，沿襲清朝統治臺人，使其互相監視、告密的制度。強調「以連帶責任，保持地方安寧」，使保甲成為警察的輔助。

成立壯丁團，負責防範「匪徒」及各種災害。警察與保甲制度的配合，使總督府的控制力得以深入社會各個角落，達到穩定殖民統治的目的。

圖4-18　從日治時期的空照圖，可以看出當年總督府突出的氣勢。

● 武裝抗日運動的演變

總督府成立初期，由於乙未抗日運動屠戮極慘，殖民統治又極嚴苛，以及民族認同等因素，臺人仍伺機抗日。最初七年（1895～1902），各地機關、派出所頻遭攻擊。其中以北部陳秋菊、簡大獅；中部簡精華、柯鐵父子；南部林少貓、黃國鎮等勢力最盛。為有效壓制臺人的武裝抗日，總督乃木希典採取「三段警備制」⑨，惟未奏效。兒玉源太郎繼任後，改採鎮撫兼施，一面改

⑨日本為鎮壓臺人抗日運動，總督乃木希典採取三段警戒區辦法；第一區為抗日勢力強悍的山區邊緣，仍以軍隊掃蕩；第二區為抗日勢力稍弱的平原地帶，以憲兵壓制；第三區為治安轉好的平地市街，以警察負責治安。

組警察體制,頒行《保甲條例》,利用壯丁團協助警察圍剿;一面以「匪徒刑罰令」等苛法鎮壓,抗日勢力遂相繼瓦解。此一時期因抗日而犧牲者多達二萬餘人,顯示抗日運動十分慘烈。

總督府在鎮壓各地抗日運動的同時,已漸次完成對臺灣經濟資本主義化的基礎工作,為日本資本家開啟了控制臺灣產業的大門。臺人生業進一步遭到榨取與掠奪,反日意識更為高漲。適於此時,中國辛亥革命成功,臺人深受鼓舞,因而掀起抗日運動的另一高潮。九年之間(1907~1915),在中、南部地區,即先後發生十餘起具民族革命性質的抗日事件。其中除北埔事件外,其餘皆發生在辛亥革命成功之後。由於總督府的社會控制已十分嚴密,大部分抗日事件,在密謀階段即被破獲,僅苗栗、西來庵事件稍具規模。其中,由余清芳等人發動的西來庵事件,規模最大,歷時最久。此後,臺人深感零星的武力抵抗無法打敗日本,乃改採非武裝的抗拒方式,因而展開波瀾壯闊的近代臺灣民族運動。

圖4-19　抗日烈士余清芳紀念碑(在臺南縣玉井鄉)

圖 4-20　在 1915 年西來庵事件中被捕的抗日義士，從臺南監獄到
　　　　臨時法庭出庭的景象。余清芳等人頭部被罩上竹簍。

● 殖民地的經濟與社會

日本對臺的殖民經濟政策，一方面是在榨取廉價的糧食與原料，一方面也在排銷日本的工業產品。據臺初期，總督府即積極從事經濟的「基礎工程」⑩，以利日本資本壟斷臺灣的經濟；進而推動綠色革命，改善水利灌溉、農業技術，鼓勵大量種植甘蔗及稻米，並且協助日資發展新式製糖工業。以米糖為主的農業經濟，遂成為當時臺灣產業的主體，同時也形成「農業臺灣工業日本」的垂直分工型態。

日治後期（1930 年代），日本積極加強與南洋及華南的經濟關係，臺灣成為日本南進的跳板，配合南洋廉

---

⑩在殖民統治初期，兒玉源太郎總督以軍費浩繁，財政困難，因而提出以「殖產興業」為中心的二十年財政計劃，對臺灣展開土地、林野資源調查、金融體制的建立、交通事業的建設等「基礎工程」。從此，臺灣的經濟發展，主要意義是在配合日本資本主義與軍國主義的需要。

價的農工原料,臺灣一方面調整農業結構,加強工業原料生產;一方面運用廉價的電力及進口原料,進行次級加工,以支援日本的重化工業。為因應日本擴張侵略需要,此一時期的工業化,首重軍需重化工業,臺灣因此進入半工半農的社會。

　　日治時期,日本的殖民官僚和資本是臺灣社會的主導力量。在殖民地化的社會結構與分配關係中,除少數有錢有勢的臺籍紳商地主,因追隨日人效力而得以位列社會上層外[11],絕大多數的本土中小企業,都處於從屬及被排擠的地位。企業中的技術人員及熟練工人多為日本人,他們的工資比臺灣人多,是典型的「勞動貴族」。而在農村,日本官僚和資本家則經由貸款、產銷、灌溉等方面的控制手段,對農業生產進行滲透操控,使農民淪為殖民經濟的生產工具。

● 殖民地教育與文化的發展

　　日治時期,臺人遭受不平等的差別教育。在初等教育中,專收日人子弟的小學校與臺人子弟就讀的公學校相較,無論師資、設備均明顯有別。即使在取消公、小學校而改設臺、日人共讀的國民學校時代[12],仍有日人適用的第一課程表及臺人適用的第二課程表之分。中等教育原只為在臺日人升學需求而開設,臺人子弟只有少數家境殷實者能夠遠赴日本留學,後因士紳請願及捐資,始准設立臺中中學校[13]。至於高等教育,包括醫學

---

⑪ 如鹿港辜家、板橋林家、霧峰林家、高雄陳家等。

⑫ 1941年,總督府取消公學校、小學校的區別,統一改稱為國民學校,實施日臺學生共學制。

⑬ 臺中中學校是臺灣人自己創辦的第一所學校。1914年由林獻堂召集中部士紳,成立私立臺中中學,總督府立即接收,改為官辦的公立臺中中學,但仍維持招收臺籍學生。

校、農林學校、商業學校、工業學校等專科學校及臺北帝國大學，日籍學生均占有絕對優勢。

　　日本殖民統治下的臺灣教育體制，主要目的是在同化臺人並培養中低級技術人才，以利殖民地的經濟發展及政治控制。不過，連帶地也引進了新的教育觀念與現代科學新知，有助於打開臺人的視野。第一次世界大戰以後，文學、美術、音樂及戲劇等新學藝思潮，即在新式教育制度及留學生倡導之下，逐漸蔚成風氣。各種專業團體紛紛成立，如南音社、臺灣文藝聯盟等鼓勵文學創作；臺陽美術協會舉辦美展，提供畫家創作發表的園地；民烽劇團倡導新話劇運動等，使新學藝紮根臺灣社會。在新觀念與新文明衝擊下，固有的文化傳統及價值觀雖然面臨重估，但也引起民族主義的反抗浪潮。這是日治時期臺灣民族運動蓬勃發展的重要原因之一。

● 近代民族運動的興起

第一次世界大戰結束前後，民主自由、民族自決的思潮傳遍世界。影響所及，也廣泛激起臺人追求自由平等的強烈願望。民國 10 年（1921，大正 10），首由臺灣留日學生及士紳發起設置議會請願運動，呼籲日本承認臺灣人的參政權。總督府深感不安，竟於民國 12 年，以違反治安警察法名義，對其活躍分子進行搜捕、跟監，製造震驚一時的「治警事件」。但臺人的政治、社會及文化意識不僅因之強化，而且以臺灣為本位的民族運動也從此奠定。

　　與議會請願運動同時，島內的有志之士林獻堂、蔣渭水、蔡培火等，也成立了臺灣文化協會。他們以成立讀報社、舉辦文化講習會等方式啟迪民智，爭取臺人應有的地位，因此屢遭總督府的疑忌迫害。民國 16 年，

蓬萊美島真可愛，祖先基業在；田畑阮開樹阮栽，勞苦代過代。著理解，著理解，阮是開拓者，不是戇奴才。臺灣全島快自治，公事阮掌是應該。

玉山崇高蓋扶桑，我們意氣揚，通身熱烈愛鄉土，豈怕強權旺：誰阻擋，誰阻擋，齊起倡自治，同聲直標榜。百般義務咱都盡，自治權利應當享。

蔡培火因 1923 年的「治警事件」而入獄，在獄中服刑時所作《臺灣自治歌》，反映了當時臺灣人對自治的渴望，歌詞需以臺語唸出才有韻味。

「文協」分裂後，蔣、林等另組臺灣民眾黨，致力於臺人政治、經濟及社會的解放。但遭總督府所忌，不久被迫解散。

受「文協」啟蒙影響，農民也開始以集體行動與糖廠、地主及日本官僚進行抗爭，「臺灣農民組合」即扮演了重要的角色。勞工運動也在「文協」、臺灣民眾黨的指導下，漸趨活躍。惟因殖民經濟體制未變，總督府又採取壓制手段，農民及勞工運動的發展，受到極大的限制。

鑑於臺灣民族運動盛起，總督府謀實行地方自治以籠絡臺人，但因不脫官治色彩，臺人深表不滿。林獻堂等乃組成臺灣地方自治聯盟，主張公民普選，落實地方自治。當局迫於形勢，允許議員半數官派，半數民選，並於民國 24 年（1935，昭和 10）11 月舉行選舉。其後中日戰爭爆發，地方自治隨之中斷，但自治、普選、參政權等民主觀念已深入人心。

圖 4-21　蔣渭水（1891～1931），臺灣宜蘭人，與林獻堂創辦臺灣文化協會，從事民族運動，又組織臺灣民眾黨，堅持不與日人妥協。

圖 4-22　林獻堂（1881～1956），臺中霧峰人。1921 年創辦臺灣
　　　　文化協會，推動民族運動不遺餘力。光復曾任臺灣省臨
　　　　時參議員，省府委員。

圖 4-23　1923 年由林獻堂等人組成臺灣議會請願團，到東京向日
　　　　本國會提出請願書。圖為橫濱臺胞歡迎請願團。

民權重自由，言論規以
格，糾合諸同志，上書請
變革，帝京冒風雪，歷訪
名人宅，或為其愚惱，或
視為叛逆，成敗一任天，
犧牲何足惜，奔走三十
年，此心徒自赤，問君何
所得，所得雙鬢白。

有臺灣議會之父美譽的林獻
堂，於 1941 年花甲大壽時，
賦詩以明志。

● 戰時體制與殖民統治的強化

七七事變後，日本發動全面侵華戰爭，繼而偷襲珍珠港，挑起太平洋戰爭，舉國進入戰時體制，臺灣也被迫捲入日本的「國家總動員法」中，政治、社會、經濟都面臨極大的衝擊。

一次大戰後，民主思潮高漲，日本雖將臺灣總督改為文官制，並實施「內地延長主義」，以同化政策安撫臺人，惟成效不佳。進入戰時體制後，臺灣總督恢復武官制，並以「內臺如一」的口號推動皇民化政策，積極普及日語，禁用漢語方言；鼓勵臺人改從日本姓名，供奉日本神祇；又極力強化皇民思想教育⑭，企圖將臺灣人同化為日本的「忠臣良民」。太平洋戰爭爆發後，更策動全臺成立「皇民奉公會」，對人力、物力進行全面性掠奪。於是在「忠君愛國」口號下，有多達二十餘萬的臺籍軍人軍夫被送上前線；更有不少女性被迫淪落異鄉成為慰安婦。這些難以數計的辛酸血淚，都是日本殖民統治留下的歷史傷痕。

在戰時體制高壓下，組織性的抗日運動已告結束，但非組織性的抵制或抗爭則所在都有。另有不少臺灣青年遠赴中國大陸參與抗日戰爭，組織各種抗日團體，如臺灣革命同盟會、臺灣義勇隊等。他們的志節勇氣，都表現了不屈不撓的臺灣精神。

---

⑭即灌輸天皇神聖，瞭解「（日本）皇國對東亞及世界的使命」，以期培養「忠君愛國」精神，塑造威猛、好勝、服從、勇敢的日本國民性格。

問題與討論

一、日本在占領臺灣後，其外相陸奧宗光提出《關於臺灣島嶼鎮撫策》，主張：

「此際我方應確定對該島之政策方針……一則以該島作為將來擴展我版圖於對岸的中國大陸及南洋群島之根據地；一則在開拓該島之富源，移植我工業製造，壟斷工商權利。……務必貫徹占領之要旨，使之成功，而鎮撫統治之政略要義，首在威壓島民。」請問：

①日本在占領臺灣之初如何「威壓島民」？

②在殖民統治期間，日本殖民者如何開拓本島的富源並移植其工業製造？

③臺灣作為日本擴張勢力的根據地，曾有那些具體的事實？

二、閱讀下列史料：

甲、「今年乙卯五月，倭賊到臺二十有年已滿，氣數為終，天地不容，神人共怒。本帥奉天，舉義討賊。興兵罰罪，大會四海英雄。攻滅倭賊，安良鋤暴。解萬民之倒懸，救群生之性命。……」

乙、「對於臺灣之統治，務要參酌其特殊事情，借鏡世界思潮，洞察民心趨向，速予種族均等之待遇，俾得實踐憲政之常道，是即設置由臺灣民選之議員所組織之臺灣議會，使臺灣民眾仰體一視同仁之至意，均沾立憲政治之恩澤……。」

請問：

①甲、乙史料各自反映了臺灣歷史發展的何種時代背景？

②日本殖民者對於甲、乙史料中的臺人行動，各有什麼態度或反應？

三、吳濁流在所著《亞細亞的孤兒》一書中，曾有一段描述「皇民化」運動的文字：

「（皇民派臺人）捨棄了自己的歷史。丟棄了自己的傳統，只希望皇民化，想求子孫的幸福。可是，外形的皇民化，雖然做到了，但剩下的血的問題要怎麼辦呢？恐怕日本人到那個時候，會說不把血液也換過，不是真正的皇民吧！……最近又儘量把臺灣人送往南方，然後在衛生狀態已經確立了良好基礎的臺灣，將日本人移住過來。而臺灣人的所謂皇民派，也乘著這個風潮，附和著往南方發展。殊不知這是日人想利用臺灣人，去打頭陣，做替死鬼的毒計……。」

請問：

①皇民化的臺灣人，丟棄了自己的歷史傳統，他們在「外形」上有何特徵？

②根據文中的敘述，日本人是否真正做到了「內臺如一」？為什麼？

③現在社會中有不少所謂的「哈日族」，他們與「皇民派」有何異同？

四、有位學者總結日治時期臺灣的經濟發展指出：

「臺灣經濟是在日本資本主義統治下進行殖民地開發的，其成就的根本意義是對日本資本主義與軍國主義的貢獻。」

這位學者的結論是否正確？請根據史實加以詮釋。

第五章

民國初年的內憂與外患

　　中華民國的建立，是東方古老大地上出現的第一個民主共和國，也是中國歷史上的一個重要里程碑，持續二千年之久的君主專制政體從此告終。然而，民國肇建伊始，內憂外患即紛至沓來。一方面由於袁世凱的帝制自為，以及軍閥的割據混戰，使剛剛萌芽的民主共和體制幾經摧殘而蕩然無存。另方面，帝國主義的勢力也不斷擴張，他們操控中國的政治、經濟、軍事、外交，使中國的國家主權與領土完整屢遭破壞而岌岌可危。不過，生於憂患的中華民國，在大動盪、大變遷的時代中，也蘊含著許多精彩可觀且堪足玩味的歷史內容。

第一節　中華民國的建立

● 革命派的救國之道

清末改革派訴求的立憲國會與收回利權運動，由於清廷的阻撓而大失所望，加上皇族內閣不合君主立憲公例，引起全國性的大騷動，部分改革派人士知無可

為，乃轉而傾向革命①。革命派經十多年的醞釀發展，革命宣傳已普及於海內外，武裝起義也先後達十餘次，全面性的大革命似已一觸即發，只待時機而已。

圖 5-1　四川民眾所立的保路死事紀念碑

連綿不斷的抗爭騷動和風起雲湧的武裝起義，已顯示清帝國大廈將傾。宣統 3 年（1911）5 月，郵傳部大臣盛宣懷宣布鐵路國有政策，取消由民間紳商集資興辦粵漢及川漢鐵路的成案。此一政策，本屬無可厚非，但因清廷對於原有股本償還辦法不公，使紳商蒙受損失；又藉築路為名，大借外債，引發湘、鄂、川、粵等省的保路風潮。革命黨人乘機活動，藉保路之名，行革命之實。其中以四川的罷市罷課、請願抗爭最為激烈。清廷採取高壓政策，派湖北新軍入川鎮壓，革命黨人遂乘機發動武昌起義。

_____

①改革派所引起的經濟、社會變動，以及因改革而引起的反政府情緒，都為革命運動的發展鋪路。

● 武昌黃鶴樓畔的槍聲

武昌黃鶴樓畔的槍聲，首先敲響了清帝國的喪鐘。這是由於湖北具有得天獨厚的地理條件②，以及革命黨人長期在湖北慘澹經營的結果③。

圖 5-2　武昌起義後的革命軍總司令黃興

　　湖北自張之洞興辦新教育後，一般人民富於維新思想，各種革命團體如科學補習所、日知會、共進會、文學社等先後成立。他們與宋教仁等人在上海所成立的同盟會中部總會互通聲氣，湖北的革命形勢，遂呈蓄勢待發之勢。

――――――――――

②兩湖位居中原中樞，得之可以震動全國。況且武漢為九省通衢要地，物產豐富，漢陽又設有鋼鐵廠和兵工廠，武漢一帶可說是革命事業極有可為之地。

③近代湖北革命形勢的發展，應溯自湖廣總督張之洞的厲行改革。張之洞經營湖北 19 年，興學校、練新軍、辦實業，成績卓然可觀。兩湖遂為全國風氣開通的重要地區之一。科學補習所（1904）、日知會（1906）是湖北最早成立的革命團體，它們遭破獲後，武漢地區又先後出現了湖北軍隊同盟會、群治學社、振武學社、文學社、共進會等革命團體。它們所組織和積聚的革命力量，是武昌起義的基礎。

　　爭路風潮大起之際，湖北黨人積極部署，運動新軍。因機關被破獲，黨人被捕殉難，革命黨人人心惶惶，武昌駐軍遂於 10 月 10 日（陰曆 8 月 19 日）發難，湖廣總督瑞澂倉皇遁走，武昌遂告光復。因起義者多為士兵及下級軍官，不足號召，乃推協統（旅長）黎元洪為都督，組織軍政府。軍政府連克漢口、漢陽，同時照會各國領事，聲明保護外人生命財產及其既得利益。各國遂承認革命軍為交戰團體，宣布嚴守中立。此舉，不僅賦予革命軍國際地位，對於各省的響應也有重大的催化作用。

圖 5-3　被革命軍臨時推為鄂軍都督的黎元洪

● 各省迅起響應

武昌之役，事起倉促，但革命情勢所以能夠穩定發展，除了未受外力干涉外，主要原因是各省的迅起響應。在月餘之間，內地 18 個省，便有湖南、四川等 14 個省相繼宣告獨立④，使清廷統治立即陷於土崩瓦

④其餘各省為陝西、江西、山西、雲南、貴州、浙江、江蘇、廣西、安徽、福建、廣東。

解。而上海、南京的光復,以及海軍的歸附更是大動國
際視聽,並奠定了革命軍在長江下游的基礎。清廷雖仍
保有直隸、山東、河南、甘肅以及東三省,但已窮於應
付,危機四伏⑤。

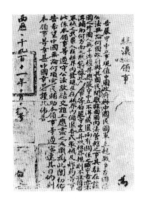

圖 5-4　駐漢口英德法日各國領事宣布中立的布告

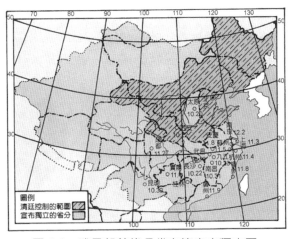

圖 5-5　武昌起義後各省次第宣布獨立圖

---

⑤武昌起義後,北方各省革命黨人亦積極活動。山東一度宣布獨立,石
　家莊及灤州的駐軍曾密謀組織聯軍進取北京;河南同盟會員亦屢謀舉
　事;即東三省亦出現半獨立性質的國民保安會。

在辛亥革命風潮中獨立的各省，參與者涵蓋了士、農、工、商各個階層，但並非完全由同盟會所策動。所以各省都督府政權大多為立憲派、舊官僚、新軍或會黨所掌握，同盟會並不能控制全局，這是後來革命失敗的重要原因⑥。

● 中華民國臨時政府的成立

全國既已大半光復，各省代表乃先後在上海、武漢、南京會議，決定組織中央臨時政府，並選出共同的領袖。孫中山先生是中國革命的倡導者，也是同盟會的總理，武昌起義當夕，他正在美國籌款，消息傳至，深感外交關係影響革命事業至鉅；尤其已光復的各省，大多分布在長江流域及其以南，英國以利害關係，舉足輕重。於是遠赴倫敦，要求英政府斷絕清廷借款，制止日本援助清廷。接著轉抵巴黎，與法國朝野廣泛接觸，然後於 11 月初返抵上海，隨即由各省代表選舉為臨時大總統，並於 11 月 13 日就職於南京。是日為 1912 年 1 月 1

圖 5-6　響應武昌起義宣告上海獨立的陳其美

---

⑥辛亥革命之所以失敗，原因之一即是革命陣營內部的分裂，如共進會人因在南京臨時政府不得志，轉而支持黎元洪；光復會與同盟會鬥爭失敗後，部分殘餘勢力則投靠了袁世凱。

日,即定為中華民國元年元旦。代表立法機關的臨時參議院亦隨後開幕,中華民國正式成立。

圖 5-7 孫總統出席臨時參議院成立大會

圖 5-8 民國元年元旦孫中山先生就任臨時大總統

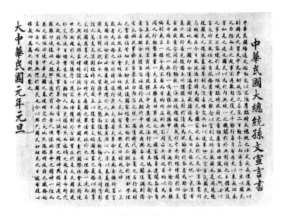

圖 5-9 中華民國的第一張文告

清帝退位與南北統一

武昌起義,各省紛起響應,清廷急忙起用已罷廢而仍穩操北洋軍權的袁世凱為湖廣總督,節制各軍前往鎮壓。此時袁已不肯再為清廷效命,反擬利用時機掌握

大權。袁施展兩面派手段,一面藉革命軍以要挾清廷,
最後任命他為內閣總理;一面以武力攻下漢口、漢陽,
迫使革命軍接受議和。當革命軍代表伍廷芳與袁委任的
唐紹儀會於上海之際,適孫中山回國並當選臨時大總
統,袁恐主宰中國全局之政治目的難成,遂中止南北議
和,並嗾使北洋將領通電誓死反對共和,甚至不惜以兵
戎相見。當時革命黨人多以為假手袁世凱推翻清廷,革
命事業即可竟全功。孫總統委屈求全,不得已與袁世凱
協議,允於清帝遜位後,推為臨時大總統。袁世凱志得
意滿,立即恢復上海談判,並在北京演出逼宮,又授意
北洋軍人電請改行共和。民國元年(1912)2月12日,
清帝溥儀下詔退位,由民國政府依法予以優待。

● 臨時政府北遷

清帝退位後,孫總統即於次日向南京臨時參議院提出
辭職並推薦袁世凱繼任。孫總統為防止袁日後專權
獨裁,危害民國,在辭職咨文中提出臨時政府必須設在

北京袁總理鑒:文前日抵
滬,諸同志囑組臨時政府,文
義不容辭,祇得暫時擔任。公
方以旋乾轉坤自任,即知億兆
屬望。惟目前地位,尚不能不
引嫌自避,故文暫時承乏;而
虛位以待之心,終可大白於將
來。望早定大計,以慰四萬萬
人之渴望。

孫大總統致電袁世凱,表示
暫時承乏,而虛位以待。

圖 5-10　民國元年宣布退位的宣統皇帝溥儀(左),右為攝政王
　　　　　載灃。

南京、新總統必須到南京就職、新總統必須恪守《臨時約法》等三個條件。老謀深算的袁世凱不願離開自己的勢力中心，竟唆使曹錕在北京發動兵變，藉口北方治安可慮，拒絕南下，臨時參議院卒允其在北京就職。

　　袁世凱就任臨時大總統後，依《臨時約法》規定⑦，任命唐紹儀為內閣總理，3月25日，唐抵南京組織新內閣，接收臨時政府。新內閣的軍政、財政大權均由袁氏集團掌握，只有教育、農林等部總長由同盟會員擔任。4月1日孫總統正式解職，南京臨時政府隨之結束，臨時參議院與臨時政府一同北遷，南北遂告統一。

圖 5-11　第二任臨時大總統袁世凱在北京就職

　　……此次清帝遜位，南北統一，袁君之力實多，其發表政見，更為絕對贊同共和，舉為總統，必能盡忠民國。且袁君富於經驗，民國統一，賴有建設之才。故敢以私見貢薦於貴院，請為民國前途熟計，無失當選之人，大局幸甚！

　　孫大總統向臨時參議院薦袁自代咨文，其天下為公，推賢讓能的胸襟，躍然紙上。

　　南京孫大總統黎副總統各部總長參議院同鑒：共和為最良國體，世界所公認。今由帝政一體一躍而躋及之，實諸公累年之心血，亦民國無窮之幸福。大清皇帝既明詔辭位，業經世凱署名，則宣布之日，為帝政之終局，即民國之始基，從此努力進行，務令達到圓滿地位，永不使君主政體，再行於中國。

　　民國元年 2 月 11 日－清帝退位前一日，袁世凱向南京臨時政府宣布政見，贊成共和電文。

⑦南京的《臨時政府組織大綱》原規定為總統制，到了孫總統即將解任之際，臨時參議院起草《臨時約法》，改為內閣制，意在限制總統的權力。在《中華民國憲法》制定之前，《臨時約法》就是國家的根本大法。

問題與討論

一、三餘書社主人在《四川血》一書中，敘述保路同志會
　　的成立經過：

　　　「（鐵）路公司以川路收回國有，事機危迫⋯⋯⋯因
　　　於五月二十一日招集在省股東及各團體籌商。到會者
　　　數千人，皆以收路國有，川人可從，收路為他國所
　　　有，川人死不能從。此次鐵路借款合同，名為抵押，
　　　實則拱（手）奉（人）。況因此借債，路權政權兩受
　　　干涉。埃及覆轍，危機在即。僉謂吾輩今日之集會，
　　　實亡國民之集會也。⋯⋯⋯會時人人號慟，人人決死，
　　　組織保路同志會，拼一死以破約保路。」

　　請問：

　　①清廷的收路國有辦法，何以被川人視為危機在即的
　　　亡國政策？

　　②從四川保路同志會成立時，人人號慟，人人決死，
　　　欲拼一死以破約保路的激烈行動來看，是否預示著
　　　清末的救國之道已由改革轉向革命？為什麼？

二、武昌首義，倉促起事，竟能一擊而中，就當時情勢而
　　言，其成功的因素是什麼？

三、袁世凱的政治行為中，常有許多特殊的表現，例如：

　　甲、武昌起義後，他陰持兩端，一面藉武力以鎮壓革
　　　　命軍，一面又利用革命軍以要挾清廷。

　　乙、南北議和時，先是唆使北洋將領誓死反對共和以
　　　　威嚇革命黨，其後又授意北洋將領電請改行共和
　　　　以威逼清廷。

　　丙、接受孫總統所提到南京繼任臨時大總統的三條件
　　　　之後，又製造北京兵變，拒絕南下就職。

　　請問：袁世凱的政治人格有何特質？

四、從武昌起義到解任臨時大總統職，你認為孫中山先生
　　的政治行為中，那些表現最值得肯定？

第二節　民初政局的動盪

政潮黨爭與二次革命

民國成立，言論結社頓獲自由；政黨蜂起，派閥林立，蔚為一時風尚。同盟會會員為因應時勢，也多主張改組轉型。宋教仁向持政黨內閣的理想，乃聯合其他小黨與同盟會共組國民黨，奉孫中山先生為理事長。與國民黨相抗並支持袁世凱的有共和、民主、統一三黨，後來合併為進步黨，實際領袖為梁啟超。

圖 5-12　為中國民主憲政、犧牲的宋教仁

袁世凱專制自為，嫉視國民黨，更忌恨宣傳政黨內閣最力的宋教仁。不久，舉行參眾兩院國會議員選舉，國民黨占優勢；不僅實現政黨內閣的希望濃厚，甚至有問鼎總統的可能⑧，袁因此嫌怨愈深，民國 2 年 3 月，

作民權保障，誰非後死者！為憲法流血，公真第一人。

孫中山致宋教仁的輓聯

――――――――――――

⑧按《臨時約法》規定，當時國會有兩大任務，一為選舉正式總統，一為制定憲法。國民黨人在國會中占居多數，問鼎總統並非不可能。

竟不擇手段，暗殺宋教仁於上海，震驚全國，輿論譁
然。此時孫中山力主聲罪討伐，黃興等多數人則主張法
律解決。由於意見不一，遷延數月，卒無所成。袁世凱
則積極部署軍事，一意以武力對付國民黨；又不經國會
同意，與五國銀行團簽訂「善後大借款合同」，取得帝
國主義的財政支持。待準備就緒，袁即將國民黨籍的江
西、安徽、廣東都督罷免，並派北洋軍南下。面對咄咄
逼人的攻勢，李烈鈞、黃興、陳其美始分別在江西、南
京、上海倉促起兵。惟因步調不一、互不統屬，不及兩
個月即被各個擊破，所謂「二次革命」完全失敗。孫、
黃等人流亡日本，孫中山將國民黨改組為中華革命黨，
繼續進行反袁革命。

圖 5-13　二次革命失敗後，孫中山在東京成立中華革命黨，以掃
　　　　　除專制政治，建設完全民國為目的。

● 從獨裁總統到短命皇帝

　　次革命之後，袁世凱顧盼自雄，違法亂紀，帝制自
為的行動也愈明目張膽。第一步是脅迫國會議員選

舉他為正式總統;第二步是取消國民黨黨籍議員資格,使國會不足法定人數,最後予以解散;第三步是罷廢《臨時約法》,另訂《新約法》,改內閣制為總統制,將總統權力極度擴大;第四步是規定總統任期十年,得連選連任,候選人由現任總統提名。至此,袁世凱的總統職權,幾與世襲的專制君主無異,但他仍不以此為滿足,一心想實現其帝制自為的迷夢。

民國 4 年(1915),歐洲大戰方酣,西方國家無暇東顧,日本也已獲得二十一條要求的滿意答覆,袁認為內外時機已熟,遂公開進行帝制。是年 8 月,先由總統府的外籍顧問宣稱共和政體不適合中國;繼由楊度等發起「籌安會」⑨,鼓吹君主立憲。袁的親信黨羽也組織所謂「變更國體請願聯合會」,再由所謂「國民代表大會」一致推戴袁世凱為「中華帝國皇帝」。12 月 12 日,袁正式接受,改明年為「洪憲元年」。

袁世凱的帝制自為,激起各方的反對。孫中山在日本發表討袁宣言,斥為民國公敵,中華革命黨隨即在各地起義,成為武裝討袁的先鋒。影響尤鉅者,是進步黨的梁啟超與蔡鍔。梁發表〈異哉所謂國體〉一文,公開反對帝制。蔡曾任雲南都督,帝制揭幕,祕密自北京輾轉返滇,與雲南將軍唐繼堯宣布獨立,組織護國軍起義,反袁聲勢為之一振。

國際間對洪憲帝制的厭棄及日本的翻臉無情,為袁世凱所始料不及。英、美曾表示不干涉中國內政,日本更或明或暗的慫恿誘惑。但帝制運動甫起,列強卻一再警告,勸袁暫緩實施。北洋派大將馮國璋等亦露骨反對帝制。袁進退失據,被迫取消帝制,83 天的「洪憲」告

「……自辛亥八月迄今,未盈四年,忽而滿人立憲,忽而五族共和,忽而臨時總統,忽而正式總統,忽而制定約法,忽而修改約法,忽而召集國會,忽而解散國會,忽而內閣制,忽而總統制,忽而任期總統,忽而終身總統,忽而以約法暫代憲法,忽而催促制訂法。大抵一制度之頒行,平均不盈半年,旋即有反對之新制度起而推翻之,使全國國民徬徨迷惑,莫知所從。……」

洪憲帝制運動時,梁啟超發表〈異哉所謂國體〉,公開反對帝制,傳誦一時。

⑨「籌安會」,顧名思義,是籌國家之安定,研究「君主」、「共和」國體何者適於中國的學問,但實際上是為袁世凱的帝制搖旗吶喊。

圖 5-14 「為四萬萬同胞爭人格」的雲南護國軍總司令蔡鍔。

終。此後袁仍想戀棧總統權位,護國軍堅決反對,終在眾叛親離,憂病交加中羞憤而死。

從府院之爭到南北分裂

袁世凱死後,副總統黎元洪繼任總統,實權則由國務總理段祺瑞所掌握。在護國軍力爭之下,《臨時約法》及國會雖得以恢復,並選出馮國璋為副總統,但黎、段二人積不相容,府院之爭,勢如水火。

圖 5-15 假參戰之名行擴張之實的段祺瑞。

民國 6 年，德國在歐戰中實施潛艇封鎖政策，美國
對德絕交，並盼中國採取一致行動。段祺瑞欲藉參戰之
名，擴張勢力，排除異己。黎元洪及孫中山等反對參
戰，段一意孤行，召集各省督軍會議以為聲援；又嗾使
所謂「公民請願團」脅迫國會議員，強要通過參戰案。
議員憤慨，部分閣員亦不恥段氏所為，憤而辭職⑩。黎
元洪遂將段免職，段系督軍亦宣布脫離中央。

圖 5-16　導演宣統復辟醜劇的張勳。

國會為民國中心，憲法為立國根本，公等既忠誠愛國，擁護中央，即應以擁護國會與憲法為唯一任務。今日法律已失制裁之力，非以武力聲罪致討，不足以清亂源，定大局。

經參戰案與督軍團叛變的紛擾後，孫中山致電西南各省當局，促請出師討逆，已充分表現出護法的精神。

督軍團叛變，黎束手無策，坐困愁城。此時盤據徐
州的安徽督軍張勳，陰謀復辟，自請進京調停。黎召其
北上，不意反引狼入室。張勳強迫黎氏再將國會解散，
又擁清廢帝溥儀復辟。黎投奔日本使館，段祺瑞舉兵討
伐張勳，復辟消滅。段重任國務總理，馮國璋則代理總
統。

段祺瑞不尊重法紀，不恢復國會。孫中山痛惡軍閥
毀法亂紀，倡導擁護《約法》，率領部分海軍及國會議
員南下，在廣州成立中華民國軍政府，擔任大元帥，與
軍閥控制的北京政府對抗。

---

⑩段祺瑞內閣的外交、司法、農商、海軍四總長，即伍廷芳、張耀曾、
谷鍾秀、程璧光，均提出辭職。

　　北方馮、段同床異夢，內鬥不已。段擬以武力完成統一，受馮杯葛而未能如願。南方軍政府受桂系軍閥陸榮廷及政客岑春煊多方掣肘，護法戰爭一波三折，孫中山被迫離粵赴滬，埋首著述。民國 7 年 7 月，由段系安福俱樂部操控的新國會成立⑪，推北洋派元老徐世昌為總統馮去職，不久病亡。徐世昌倡言和平統一，翌年 2 月，南北和議在上海舉行，遷延數月，終無所成。

● 軍閥的混戰與割據大勢

袁世凱死後的北洋軍閥，大致分裂成三大系統。一是段祺瑞的皖系；二是馮國璋的直系，馮死，曹錕、吳佩孚繼為領袖；三是張作霖的奉系⑫。三系軍閥各擁重兵，各倚列強以自重。他們長期爭奪中央政權及地方勢力，以致兵連禍結，生靈塗炭。

　　民國 9 年 7 月，直皖戰爭爆發，結果皖軍在直、奉軍夾擊下大敗，段系沒落，北京政府遂由直、奉兩系控制。民國 11 年，張作霖與吳佩孚衝突又起，第一次直奉戰爭爆發，結果張作霖兵敗東去，宣布東三省自治。直系首領曹錕，放眼關內已無強敵，遂謀竊取總統權位。先由直系將領倡言法統，迫徐世昌去職，再由黎元洪回任總統，重開舊國會；黎氏在位一年，又予驅逐，然後以巨金賄買國會議員，當選總統。

---

⑪ 段祺瑞一向不重視《約法》與國會。復辟消滅後，他不僅不恢復已被解散的國會，反而由其親信徐樹錚等，組織「安福俱樂部」，操控國會選舉，藉以迫使馮國璋去位。「新國會」成立後，全體議員四百餘人中，屬於安福俱樂部成員者達三百八十餘人，故國人稱之為「安福國會」。

⑫ 段祺瑞為安徽合肥人；馮國璋為直隸（河北）河間人；張作霖為奉天（遼寧）海城人。

圖 5-17　孫中山在上海家中埋首著述，先後完成《孫文學說》、
《實業計劃》、《民權初步》等著作。

　　此時，已在廣州重建革命政府的孫中山，與張作霖
浙江盧永祥不承認曹錕的竊位。民國 13 年，直系先發
制人，以孫傳芳進取浙江，孫、張均聲援盧，直奉二次
戰爭爆發，正當雙方酣戰之際，直系健將馮玉祥中途倒
戈，直系瓦解，馮與張作霖擁段祺瑞為臨時執政。

　　直系敗後，中國仍陷於四分五裂。張作霖控有東
北、華北，並與日本相結，氣燄最盛。馮玉祥據有北京
及西北各省，以俄國為後盾。直系的孫傳芳稱雄於東南
五省，吳佩孚東山再起於湖北，並得英國同情。各派軍
閥混戰不已，最後馮所部退往西北。臨時執政告終，中
國實際上已成無政府狀態。東北、華北屬於張作霖；河
南、湖北屬於吳佩孚，東南屬於孫傳芳，這是國民革命
軍北伐時的軍閥割據大勢。

● 中國國民黨的北伐與統一

鑑於革命事業屢遭挫折,孫中山決心推動革命力量的新生與發展。民國8年,將中華革命黨改組為中國國民黨,以因應五四運動的新情勢。其後,國會在粵重開,孫任非常大總統,第一次直奉戰爭時,曾積極策動北伐大業,以陳炯明的叛變而中輟離粵,深感革命組織亟須強化。民國 12 年,陳炯明為滇、桂軍所逐,孫回粵以大元帥名義設立大本營,重建革命基地。翌年,即召開中國國民黨第一次全國代表大會,改訂黨章,發表宣言,闡明三民主義的真諦;公布革命建國的基本政綱;並創辦黃埔陸軍軍官學校,任命蔣中正為校長,以培育為主義奮鬥犧牲的革命先鋒。後來以該校畢業生為骨幹組成的武力,即成為反軍閥、反帝國主義的主力。

民國 14 年,孫中山逝世後,以黃埔軍校學生為核心的革命軍,在蔣中正指揮下,連敗陳炯明及滇、桂軍,底定全粵。7 月 1 日,國民政府成立,所有部隊,均改稱國民革命軍,以打倒軍閥及帝國主義、完成國家統一為目標。翌年7月國民革命軍總司令蔣中正誓師北伐,勢如破竹的連敗強敵吳佩孚、孫傳芳。至民國 17 年 12 月,張學良宣布東三省歸順國民政府,北伐統一大業遂告完成。

圖 5-18　民國 13 年 1 月，孫中山改組國民黨，並召開中國國民黨
　　　　　第一次全國代表大會。

圖 5-19　民國 13 年 6 月，孫中山在黃埔陸軍官校開學時和蔣中正
　　　　　校長合影。

圖 5-20　孫大元帥特任蔣中正為陸軍軍官學校校長。

圖 5-21　民國 16 年 4 月，國民政府定都南京。

問題與討論

一、「民國初年之政局至為複雜，其關鍵在於國會與黨爭。革命黨以數十年艱辛締結之民國，寄望納之於憲政常規，袁世凱則欲實現其野心，造成帝制自為之局面；加以官僚政客以政黨為掩護，操縱其間，而中國因之多事矣！」

　　請問：

　　①就思想與行動而言，宋教仁如何將「國會與黨爭」納入憲政常規？

　　②在民初國會與黨爭不斷的史實中，孫中山的基本原則是什麼？他有那些積極的作為？

　　③袁世凱與國會的關係如何？對民初政局有何影響？

二、蔡鍔在一次軍事會議的即席演說中強調：

「我們以一隅抗全局，明知不能取勝，但我們所爭者乃四萬萬同胞的人格。與其屈膝而生，毋寧斷頭而死！」

　　請問：

　　①引文中的「一隅」，是指何地？

　　②蔡鍔要為四萬萬同胞爭什麼人格？

　　③蔡鍔以什麼實際行動來表現「與其屈膝而生，毋寧斷頭而死」的精神？

三、軍閥的弊端，肇始於袁世凱當政時代，當時有幾種現象都為其後的軍閥所師承？試以段祺瑞為例，說明有那些師承袁氏的現象。

四、李劍農在《中國近百年政治史》中說：

「（民國）十三年一月，中國國民黨在廣州開第一次全國代表大會，宣告改組，可說是中國政治新局面的

開始。」
請根據史實評析他的觀點。

第三節　民初外患的加劇

● 帝俄窺伺外蒙

清季以來，俄國視外蒙為勢力範圍，急思染指。武昌革命事起，庫倫活佛受俄人威迫利誘，宣布獨立；進而要脅外蒙簽訂《俄蒙協約》及《商務專條》，排除中國一切權利，外蒙幾已成為俄國殖民地。袁世凱就任大總統後，未經國會同意[13]，與俄國成立協定，承認外蒙自治及《俄蒙條約》，中國不駐兵、不設官、不移民，輿論大譁。其後，中、俄、蒙在恰克圖重訂協約，名義上外蒙取消獨立，但中國只爭回宗主權等虛譽細節，實際上俄國仍宰制全局。

● 蘇俄在中國

民國6年，俄國爆發革命，帝俄傾覆，共產黨奪得政權，建立俄羅斯社會主義聯邦蘇維埃共和國，簡稱蘇俄[14]。民國10年，蘇俄樹立「蒙古人民共和國」，改庫倫為烏蘭巴托（Ulān Bātor）[15]，唐努烏梁海也在其誘迫下，宣布為獨立國。自是外蒙脫離中國，成為蘇俄的

---

[13]此時袁世凱已取消國民黨籍議員資格，致國會因不足法定人數而無法開會。

[14]民國6年（1917）共產革命以前的俄國，為沙皇統治時期，習慣上稱之為帝俄。列寧在十月革命後建立的共產黨政權，是為蘇俄。民國11年（1922），改稱為蘇維埃社會主義共和國聯邦，簡稱蘇聯。

[15]意為紅色英雄。

第一個附庸國。

　　蘇俄建國後，以推動「世界革命」為目標；但西進受阻於英、法、美等協約國，乃偽裝親善，迂迴東進。民國 8 年，第三國際成立於莫斯科，其外交委員加拉罕（Leo Karakhan）即發表《第一次對華宣言》，聲明放棄中東鐵路及帝俄時代的所有掠奪品；其目的在甘言誘惑中國以博取好感。翌年，又發表《第二次宣言》，重申前項承諾，要求通商及外交承認。嗣因紅軍襲陷庫倫，交涉遂告中斷。

　　民國 12 年 5 月，山東臨城發生火車被劫事件，列強擬出兵干涉⑯，引起全國憤慨。蘇俄乘機再派加拉罕來華，發表《第三次對華宣言》，大肆抨擊列強以示好中國；但談判開始，則極力推諉，並危言恫嚇。至民國 13 年 5 月，始簽訂《中俄北京協定》，其中蘇俄承諾兩點：一、外蒙為中國的一部分，撤退紅軍；二、不在本國境內有圖以暴力反對對方政府之團體存在，不作與對方秩序及社會組織相反之宣傳。但外蒙紅軍始終不撤，扶植中國共產黨則更為積極。民國 16 年，北京政府遂與俄絕交。

⬤　英國圖謀西藏

英國擁有印度、緬甸後，即謀奪取西藏。光緒末年，英軍入侵西藏，占領拉薩，強迫簽訂《英藏條約》，取得通商、賠款等權利。宣統元年，又鼓動達賴十三世脫離中國，侵擾川邊。翌年，清軍入藏平亂，達賴出亡印度，受英人保護。武昌起義，藏人乘機驅逐清軍，英國以餉械助達賴返藏，宣布獨立，並進兵西康，直逼川邊。

---

⑯時津浦鐵路客車在山東臨城被劫，有二十餘名外人被擄，駐華十六國公使聯合抗議，準備武力干涉。

民國元年，袁世凱聲明西藏為中國領土，並派川、滇軍往征，連敗藏軍。英國出面阻攔，要脅中國不得干涉藏政，不得設官、駐兵。時俄人正加緊窺伺外蒙，達賴態度又極頑強。民國 3 年，袁政府不得已，同意與英、藏代表會於印度西姆拉（Simla）。中國代表陳貽範在英方威迫下，接受一項暫行草約，分西藏為內外二區，外藏自治；中國不在西藏建省、駐兵、設官、移民。其中內藏的範圍竟包括四川、青海之一部，中國以損失過鉅，所得不過虛飾的宗主權，因而拒絕簽字。其後十數年間，達賴十三世屢次興兵東犯，直至北伐統一後，國民政府與西藏的關係始獲改善。

● 日侵山東與二十一條要求

甲午戰後，日本侵華的野心愈熾，但受制於門戶開放政策以來的國際均勢原則，未能逞其大慾。辛亥革命時，日本原擬施行兩面政策，在清廷與革命軍之間相機漁利，不意中國南北迅即統一，無機可乘。民國 3 年 7 月，歐戰爆發，列強無暇東顧，日本以良機千載難逢，乃不顧中國已經宣布中立，藉口英日同盟，向德國宣戰。一面會合英軍進攻青島，一面沿膠濟鐵路長驅直入，占領濟南車站，視若征服之地。11 月，青島德軍敗降，戰事告終。中國請日本撤兵，日本不僅蠻橫拒絕，反而趁袁世凱進行帝制無力對外的機會，訓令其駐華公使日置益，於民國 4 年 1 月，面向袁世凱提出凶狠的二十一條要求，分列五號：

第一號為關於山東的權益問題，主要是承認日本繼承德國在山東的權利；第二號為關於日本擴大在南滿、東蒙的權益內容；第三號為關於漢冶萍公司由中日合辦的規定；第四號為所有中國港灣島嶼，不得租讓與他國；

圖 5-22　民國 4 年 5 月 9 日，外交總長陸徵祥，交通總長曹汝霖和日本駐華公使日置益簽訂二十一條。

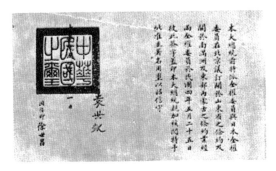

圖 5-23　袁世凱簽字蓋印的中日二十一條約批准書。

第五號為關於整個中國主權讓渡日本的要求⑰。

　　自是年 2 月起，由外交總長陸徵祥、次長曹汝霖與日使談判。前後四月，日本始終不肯讓步，且不斷增

---

⑰日本要求中國讓渡的主權，包括：一、聘日人為政治、財政、軍事顧問；二、在中國之日本病院、寺院、學校允予以土地所有權；三、必要地方警察，中日合辦；四、採辦半數以上的日本軍械，或中日合辦軍械廠；五、允日本建造武昌至九江、南昌，南昌至杭州，南昌至潮州鐵路；六、福建路礦及海口船廠須借用日款；七、日人在中國有布教權。

兵，恫嚇威迫。至 5 月 7 日，日使發出最後通牒，限 48
小時內將一至四號及第五號關於福建一條允諾，否則採
必要手段。袁世凱不敢拒絕，遂於 9 日覆文屈服，一切
如日本要求，且允第五號「容日後協商」，是謂「五九
國恥」。

圖 5-24　五四運動時期印發的特刊

● 巴黎和會與五四運動

歐戰爆發後，英、俄、法均盼中國加入協約國，日本
起初反對，其後與列強祕密換文，各國允於將來和
會中承認日本在東方的既得利益，日本始允促成中國對
德宣戰。段祺瑞的參戰案雖引起府院之爭與復辟之亂，
但段重任內閣總理後，終於對德宣戰。日本為控制中
國，除大舉予段內閣借款，加緊經濟侵略外，又以共同
防敵為名，與段祺瑞訂立軍事協定，將中國陸海軍及軍
械、訓練，完全置於掌握。

　　民國 7 年（1918）11 月，第一次世界大戰結束，翌
年 1 月，在巴黎召開和會，商討處置戰敗國問題。美國

總統威爾遜（Woodrew Wilson）發表十四點原則，主張
廢止祕密外交、實行民族自決，一時公理正義的呼聲震
天，中國也寄以極大的希望。但和會實際上由英、美、
法、日、義五強操縱，日本堅持繼承德國在山東的一切
權利，中國代表據理駁斥，無奈英、法與日本早有諒
解，美國孤掌難鳴，和會竟屈從日本的侵略要求。

圖 5-25　五四運動時期的傳單。

　　巴黎和會處理山東問題不公的消息傳抵中國，人心
憤慨，北京學生尤為激昂。民國 8 年 5 月 4 日，學生舉
行集會及示威遊行，高呼「外爭國權，內除國賊」口
號。因痛恨日本及列強的欺壓，與曹汝霖、章宗祥、陸
宗輿等辦理中日交涉的誤國，學生隊伍搗毀曹汝霖住
宅，毆打章宗祥，以致多人被捕。各地隨之響應，學生
罷課，工人罷工，商人罷市。由於民氣滋盛，曹、陸、
章卒被免職，是為「五四運動」。中國代表在國內輿論
沸騰，留法學生又就近力阻之下，遂拒絕在對德和約上
簽字。

現在日本在萬國和會上要求併吞青島，管理山東一切權利，就要成功了！他們的外交大勝利了！我們的外交大失敗了！山東大勢一去，就是破壞中國的領土！中國的領土破壞，中國就亡了！所以我們學界今天排隊遊行，到各公使館去，要求各國出來維持公理。務望全國工商各界，一律起來，設法開國民大會，外爭主權，內除國賊。中國存亡，就在此舉了！

今與全國同胞立兩條信條道：中國的土地可以征服不可以斷送！

中國的人民可以殺戮不可以低頭！

國亡了，同胞起來呀！

五四學生遊行示威中印發的「北京學界全體宣言」傳單

我發現我上次把這裡的示威遊行比作我們一般大學裡男生的宿舍打鬥，對這裡的學生說來有欠公平。整個示威遊行是經過了細心的計劃，並且比他們預定的時間還要提早結束，原因是有一個政黨也要遊行示威。他們的運動，如果在同一個時候，會給誤認作是被政黨利用。他們要以學生身分獨立採取行動，負起政治改革運動的領導責任，並且使得商人和各界人士感到慚愧而來加入他們的運動。想想我們國內十四歲以上的孩子，這實在是一個了不起的國家。

民國8年來到中國講學的美國學者杜威，他在這年6月20日寫給女兒的信中，非常肯定五四學生的愛國運動。

● 華盛頓會議與中國問題的處置

日本在中國的侵略擴張，衝擊美國的遠東地位，英國亦深感不安，太平洋情勢日趨嚴重。民國10年11月，美國乃邀集英、日、法、義及與太平洋有關的中、荷、比、葡在華盛頓會議。會中除決定裁減五強軍備、廢止英日同盟外，又訂立《九國公約》，做為處理中國問題的原則。其主要精神在尊重中國主權獨立與領土完整，各國在中國有平等的發展機會。至是日本侵華的氣燄稍挫，山東問題遂由中日在會外，締結《解決山東懸案條約》，規定日本歸還膠州；日軍撤退；膠濟鐵路由中國付款贖回。至於二十一條，中國要求廢止，日本拒絕討論。最後日本允將南滿、東蒙的鐵路權及借款權讓與美、英、日、法銀行團，放棄南滿政治、財政、軍事顧問權，以及第五號的保留。

圖 5-26　北京各大學學生反對《巴黎和約》，在天安門廣場集會演說、示威。

圖 5-27　北京各大學學生反對巴黎和會示威遊行

問題與討論

一、試從歷史背景、國內政局、國際情勢、發展結果等方面，分析比較俄窺外蒙與英侵西藏之異同。

二、民國9年，美國某政治評論家曾大聲疾呼：

「長期以來，我們所維持的中國門戶開放政策及列強在華機會平等的均勢原則，已被趁火打劫的日本破壞無遺，我們決不能容忍國際野心家陰謀得逞，必須儘速重建遠東的國際秩序。」

請問：

①所謂「中國門戶開放政策及列強在華機會平等的均勢原則」，它是怎麼形成的？

②這位評論家根據那些事實，指控日本破壞了中國門戶開放政策及列強在華機會平等的均勢原則？

③就史實而言，美國政府如何重建遠東的國際秩序？對中國有何影響？

三、民國8年，一位就讀於北京大學的愛國青年，他當時可能關心或參與那些國內外大事？

第六章

民初的經濟社會與文化

　　民初的內憂外患紛繁雜沓，是中國政局動盪不安的大轉變期，但在經濟、社會與文化方面，卻是一個洶湧澎湃的高潮時期。這種變革的過程，大約從日本提出二十一條到抗戰爆發止（民國4～26年）。其間，五四時期的「啟蒙運動」①，是觸發此一變革的重要契機；而北伐統一後直到抗戰爆發前的「十年建國」（民國17～26年），則是另一個高潮。尤其十年建國期間，國民政府內有軍閥構亂、共產革命，外有日本帝國主義的強鄰壓境，但仍能勉力推動國家建設，其結果不僅提升了經濟實力，而且在社會與文化方面也有長足的進步，為後來的八年抗戰奠定了基礎。

---

①「五四」具有多方面的意義，並非只是五月四日當天學生們的示威進行運動而已。它的影響面極廣，與現代中國的經濟、社會、文化各方面的變革發展，都有直接或間接的關係。由於這個廣泛性的運動，是以理性的自覺為原動力，因此可稱之為「啟蒙運動」。

第一節　經濟的建設

● 北伐前後的政府與經濟

重農輕商，是中國傳統的主要經濟政策。雖然唐宋元明清等朝代都曾出現繁榮的工商業，但主要是業者自行努力的結果，政府甚少在政策上盡到提倡獎掖之功。清末以來，由於列強侵略日亟，國計民生瀕臨絕境，重商主義漸被視為富強之道。清廷乃於光緒29年（1903）成立商部，以保護商人、獎勵商業②。後來，更擴大為農工商部③。惜因成立太晚，革命情勢日趨激烈，終難挽回清帝國的命運。

　　民國成立後，重要工商企業，多操於外人之手；中央僅有的稅收，如關稅、鹽稅，多已抵押外債；地方稅收，則是軍閥禁臠。加上政爭不斷，內戰時起，軍閥時代的北京政府，欲維持現狀已感困難，遑論經濟建設。第一次世界大戰時期中國雖出現了「民族工業」的黃金時代，但此事無關經濟政策，實因歐洲列強無力再控制中國市場，又受五九國恥的刺激，國民的民族意識轉而表現在排斥外貨及購用國貨的運動上所致。

---

②清廷隨後又頒訂《公司法》（1903）及《破產法》（1906），城市也
　相繼成立商會，於是保護商業逐步走向合法化及合理化。
③民國成立，南京臨時政府設實業部，北京臨時政府改實業部為農林、
　工商兩部。民國2年袁世凱將兩部合併為農商部。16年北京政府又分
　農商部為實業、農工兩部。

圖 6-1　北伐統一後，國民政府進行幣制改革時期所發行的紙鈔與
　　　　硬幣舉例。

　　北伐統一後，國民政府體認經濟是國家命脈，又鑑
於日本侵華日亟，為厚植未來抗日實力，因而積極推動
各項經濟建設。首先致力裁撤釐金，收回關稅自主權④；
先後實施廢兩改元及法幣政策⑤，以提供經濟發展的有
利條件。為謀經濟的健全發展，特設全國經濟委員會進
行統整規劃。民國 24 年，又發起國民經濟建設運動。26

----

④自《南京條約》及《天津條約》訂立後，中國關稅即失去自主權，協
　定關稅稅率一律是值百抽五，使中國損失甚鉅。民國 17 年，國民政
　府發表重訂新約的宣言，美國首先贊成，承認中國關稅自主。於是兩
　年之間，與中國簽訂平等關稅條約國家，共有義、荷、英、法等十餘
　國。
⑤民國 24 年 11 月 3 日，財政部公告實施法幣政策，規定以中央、中
　國、交通三銀行所發行之鈔票為法幣，所有完糧納稅及一切公私款項
　之支付，概以法幣為限。

年 2 月，更訂定五年經建計劃，總投資額達 4 億餘元。惜因抗戰軍興，計劃未及付諸實施。但在十年建國期間，工業、農業、交通、貿易等方面，都呈現欣欣向榮景象。

● 工業發展

國民政府經濟建設的重要措施之一，就是扶助獎勵工商企業的投資。規定基本化工、基礎礦業等重工業歸中央辦理，其餘由地方政府與人民合營。輕工業由人民經營，政府給予扶助獎勵。結果大致上維持進步的局面，並且表現出幾個重要特徵：一、大工廠的出現，如中央機器廠、中國酒精廠、永利化學公司錏廠等，資本均在千萬元以上。二、歷年機械及工具的入口值，均保持相當的金額。三、工業生產指數的逐年增加。四、工業投資與經營的成長率有升高之勢。然而，由於內受軍閥及共黨騷亂的影響，外受帝國主義的政治、經濟、軍事的壓迫，所以中國產業現代化的道路仍然坎坷難行，大部分的工業產品均無法自給自足。

圖 6-2　民國 22 年 4 月，國民政府公布實行「廢兩改元」，並成立中央造幣廠，圖為中央造幣廠外景。

● 農業改良

清末民初以來，政府提倡實業建設，工、商、農、礦各業並進。但由於農民土地分配不足或不均，田賦及稅捐過重，加上連年天災人禍，造成農村經濟破產，貧苦無依的農民大量流徙。改良農業，安定農村，遂成為政府刻不容緩的要政。

　　民國 18 年，國民政府首先組織中央農業推廣委員會，以普及農業知識、改進生產方法，促進農民合作。繼於 20 年成立中央農業實驗所，從事各種農業改良試驗。22 年又組成農村復興委員會，進行農業改良及農村建設工作。同時，分布於全國各地的農業發展機構，也積極從事土地利用的調查研究、農產品種的改良及水利的興修等農業建設，成效卓著。

圖 6-3　中央農業實驗所

● 交通建設

交通建設是維護國防安全、鞏固國家統一的保障，也是促進貨暢其流的利器，自清末以來，漸受國人重視。北伐統一以後，成就尤著。一為鐵路：國民政府特設鐵道部，先後展築及新建的鐵路，包括隴海線、粵漢線、浙贛線、同浦線，以及滬杭甬等線，使中國鐵路由北伐前的八千公里增至一萬三千公里。二為公路：交通部於民國 17 年擬定全國公路建築計劃，以蘭洲為中心，預計十年內修築公路四萬餘公里。嗣因內戰軍興，未能付諸實施。民國 22 年，全國經濟委員會設公路處，負責督造各省聯絡公路，至抗戰前夕，全國已有公路十餘萬公里。三為航運：清末以來，中國的內河、沿海、遠洋航運，長期為外人掌控。其中以英國勢力最盛，日本次之，國營及民營航運均難與之匹敵。北伐完成後，國民政府為促進航運發展，始積極建築港灣、疏濬航道、整頓招商局，成效可觀⑥。四為空運：十年建國期間，是中國航空事業勃興的時代，當時有中國、歐亞、西南三家航空公司，航線遍及各大城市。此外，電訊事業發展尤速，長途及無線電話通達全國。廣播事業隨之興起，消息傳播愈為便捷。

---

⑥以港灣的建築為例，進行的工程有五個，一為整治青島大港、小港工程；二為開闢葫蘆島港埠；三為修造福建馬尾碼頭；四為建築杭州錢塘江南北岸碼頭；五為闢建連雲港。此外，計劃興築的尚有《實業計劃》中的北方、東方、南方三大港。

圖 6-4　錢塘江大橋工程，該橋於民國 23 年 11 月動工，26 年 10
月完成，使滬杭甬線與浙贛線鐵路得以銜接。

圖 6-5　中日電話行通話禮

圖 6-6　民國 24 年 8 月交通部郵政總局成立於上海

圖 6-7　民國 21 年 11 月南京中央廣播電臺正式播音

● 國際貿易

國際貿易是經濟發展的重要指標。一次大戰期間,民
族工業的繁榮,使輸出呈現難得的景氣,輸入則陷
於停滯。北伐統一後的初期,國際貿易尚能維持榮景,
民國 20 年九一八事變以後,由於東北淪陷、世界性經
濟恐慌、關稅不斷提高及走私猖獗的影響,國際貿易嚴
重衰退。

圖 6-8　1930 年代的上海黃浦灘路街景

　　北伐完成後的十年間，中國貿易逆差為數龐大，幸有僑匯及外資的挹注，稍能彌補外貿的入超。當時出口以農產品、農產加工品為主。進口初以民生必需品為主，其後則與經濟建設有關的機器、材料逐漸增加，說明國家經濟建設已逐漸在進行，經濟結構也已有改善。至於貿易的國家和地區，清末以來長期居於首位的英國和香港，則已為日本及美國所取代；九一八事變後，美國又超越日本，成為對華貿易的頭號伙伴⑦。上海是當時中國進出口貿易的最大港埠。

民國 16 年～民國 25 年進口商品地位變遷表

年　　份	第一位	第二位	第三位	第四位	第五位
民國 16 年(1927)	棉　布	米	棉　花	砂　糖	五　金
民國 17 年(1928)	棉　布	砂　糖	棉　花	五　金	煤　油
民國 18 年(1929)	棉　布	砂　糖	棉　花	五　金	米
民國 19 年(1930)	棉　布	棉　花	米	砂　糖	五　金
民國 20 年(1931)	棉　花	棉　布	小　麥	五　金	砂　糖
民國 21 年(1932)	棉　花	米	棉　布	煤　油	五　金
民國 22 年(1933)	米	棉　花	五　金	小　麥	煤　油
民國 23 年(1934)	五　金	棉　花	米	機　器	化學產品
民國 24 年(1935)	米	金屬礦砂	機器工具	棉　花	紙　張
民國 25 年(1936)	五　金	機器工具	車輛船艇	化學產品	顏料染料

⑦九一八事變後，日本對華貿易額表面上落後於美國，這是由於東北淪陷後，日本與東北每年七、八億的貿易額未列入統計之故。

問題與討論

一、在推動國家經濟建設計劃時，政府理應扮演積極的舵手角色。就此而論，北伐統一後的國民政府，比起清末及軍閥時代的北京政府，具備了那些較佳的表現？

二、就內外情勢而言，中國在十年建國期間，經濟建設工作面臨了那些逆境？

三、請根據歷史事實分析下列二表的數字統計，並解釋其轉變的原因與結果。

①民國 3～8 年（1914～1919）中外貿易額統計表

年　　份	進　口　值（國幣千元）	出　口　值（國幣千元）	入　超　值（國幣千元）
民國 3 年（1914）	780,000	449,000	331,000
民國 4 年（1915）	619,000	546,000	73,000
民國 5 年（1916）	678,000	612,000	66,000
民國 6 年（1917）	697,000	570,000	127,000
民國 7 年（1918）	707,000	587,000	120,000
民國 8 年（1919）	785,000	739,000	46,000

②民國 15～25 年(1926～1936)中外貿易額統計表

年　份	進　口　值 （國幣千元）	出　口　值 （國幣千元）	入　超　值 （國幣千元）
民國 15 年（1926）	1,751,537	1,346,571	404,966
民國 16 年（1927）	1,578,148	1,431,209	146,939
民國 17 年（1928）	1,863,320	1,544,531	318,789
民國 18 年（1929）	1,972,083	1,582,441	389,642
民國 19 年（1930）	2,040,599	1,394,166	646,433
民國 20 年（1931）	2,233,376	1,416,963	816,413
民國 21 年（1932）	1,634,726	767,535	867,191
民國 22 年（1933）	1,345,567	611,898	733,669
民國 23 年（1934）	1,029,665	535,214	494,451
民國 24 年（1935）	919,211	575,809	343,402
民國 25 年（1936）	941,155	705,750	235,405

第二節　社會的變遷

● 社會變遷的背景

中國傳統的社會結構，向以士、農、工、商四個階層為主體。其中農人最多，約占總人口的80%，但絕大多數屬於文盲、貧窮的弱勢族群。清末工商業逐漸發展，從業人口增加，他們的社會地位也較從前提高。士即知識分子，人數最少，卻是社會變遷與發展的主導。清末民初，接受新式教育或留學歸國的知識分子日漸增加，傳統教育出身的士紳階層日益式微。由於內憂外患交逼，新知識分子較過去更具憂患意識。他們在五四時期企圖為中國導引發展方向的精神，實與傳統知識分子「以天下為己任」的襟懷一脈相承。因此，他們的思想與行動，也是推動時代變遷的主要力量。

北伐統一後，歷經九一八事變的慘禍，知識分子深感國難當頭，多能配合政府推動的各種社會改革與建設。其範圍自中央到地方，廣泛涉及士農工商的各個階層與領域。知識分子的熱烈參與，是十年建設有成的重要關鍵。

● 平民階層的重視

近代西方民主思想傳入中國，始自清末。但直至民國初年，一般所嚮往的民主，仍只是中產階級的政治參與，廣大的平民仍未受重視。至五四時期，知識分子為因應新時代的要求，必須喚起平民的自覺以發揮社會

的潛力,平民階層始漸受注意。其顯著的特徵有二:一
為平民文學的興起,內容以描寫鄉村市井小民的生活、
觀念、遭遇為主,如周樹人(魯迅)的小說〈孔乙己〉、
《阿Q正傳》等,後來更進而發展成為「普羅文學」⑧。
二為平民教育的重視,這是承襲清末「開民智」的趨
勢,許多個人及團體均致力於平民教育的推展。其中由
北京高等師範學校師生組成的「平民教育社」最具代表
性。該社的宗旨即在透過教育的革新達到改良社會的目
的,使國民人人都有獨立人格與平等思想。

　　北伐完成後,除普羅文學繼續發展並盛行一時外,
民間人士也多致力改良農村,成為風尚。其中以晏陽初
在河北定縣領導的平民教育運動最為著名;而梁漱溟在
河南、山東推行的鄉村自治建設、陶知行在南京實驗的
鄉村生活改造等,也都有相當成效。顯示知識分子的救
國運動,已由口號落實到行動。

圖 6-9　晏陽初在河北定縣領導的平原教育運動

---

⑧普羅文學(Proletarian Literature),或稱普洛文學,是「普羅(洛)
　塔利亞大學」的簡稱。普羅是 Proletariat(意即無產階級)的音譯,
　是郭沫若等人在 1925 年前後所提倡的一種文學形式,內容以揭露社
　會黑暗面的,描述下層民眾的生活為主。

圖 6-10　民國 9 年（1920）中國留法女學生

　　鄉村建設從民間運動變為中央的既定政策，最初由農村復興委員會推動，繼由全國經濟委員會策劃，地方政府也多能全力配合。惟因日本全面侵略，建設無法持續，遂予中共發展農村勢力的機會。

● 婦女的解放運動

傳統的中國婦女，在社會禮教的束縛下，長期淪為男性的附屬品。清末民初，受西潮的衝擊，始漸覺醒。維新變法前後，有識者已鼓吹廢纏足、興女學。其後秋瑾等新女性，更起而倡導男女平等、婚姻自由，並鼓勵女子參政或參加革命。五四時期的女子教育繼續發展，擁有新知識、新思想的婦女人數增加。她們既受新文化運動的刺激，又有直接參加政治、社會運動的經驗，因此各種婦女團體及鼓吹女權的刊物相繼出現；並以上海、北京為婦女運動的中心，積極爭取男女在財產權、參政權、教育權、工作權上的平等地位。同時呼籲婚姻自由、禁止納妾、社交公開等，藉以破除重男輕女的觀念。

　　十年建國期間，婦女已能積極扮演承當國家社會責

圖 6-11　北京女子高等師範學校是國立北京女子師大的前身，圖
　　　　　為民國 11 年（1922）該校畢業班合影。

任的角色。民國 23～26 年新生活運動期間，分布於全國
各地的婦女新生活運動勞動服務團，即是以服務社會、
復興民族為目的的團體⑨。對於全民生活的改造，貢獻
卓著。

社會風氣的轉移

五四時期的新知識分子，多懷抱科學主義、懷疑主義
的精神；堅持信仰必須基於事實與理性，任何違反
事實與理性的政治、倫理或宗教等信仰，都是愚昧的偶
像崇拜，必須加以摧毀，否則無法使人相信真理。他們
因此不遺餘力的反對各種型式的迷信，影響所及，幾使
五四時期成為一個需要重估一切價值的時代。知識青年
尤其對宗教大表懷疑，認為宗教全屬迷信，而且妨礙科

⑨民國 23 年 10 月，新生活運動促進總會為使改造全民生活的目標早日
　實現，認為婦女是家庭中心，必須與社會各界共同推行才易奏功，因
　此首先在南昌組織婦女公務員服務團，推行婦女的新生活，翌年改為
　婦女新生活運動勞動服務團，以配合國民經濟建設運動。

學發展,養成人的倚賴性。由於帝國主義的刺激及共黨的煽惑⑩,基督教更被視為帝國主義的先鋒、資本主義的元凶而大受打擊。不過,固有的宗教信仰與文化傳統,大多根深柢固,所謂反迷信、反宗教的運動,成效並不顯著。

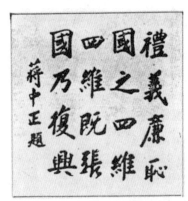

圖 6-12　蔣委員長為新生活運動題字嘉勉

圖 6-13　民國 23 年,南昌市民舉行提燈大會,宣揚新生活運動。

⑩五四運動期間,學生受帝國主義刺激,對來自西方的基督教,多持排斥態度。民國 14 年五卅慘案發生後,反基督教進一步與反帝國主義相配合;加上當時國民黨容共,共黨假反基督教為反帝國主義的藉口,反基督教運動因之擴大。北伐期間,不少教士遭受迫害。直至民國 16 年國民黨清黨後,反基督教運動才告結束。

圖 6-14　民國 23 年，蔣委員長偕夫人視察南昌新生活運動推行情
　　　　　形。

　　對社會風氣造成深遠影響的，是十年建國時期推行
的新生活運動。民國 23 年初，軍事委員會委員長蔣中
正在南昌指揮剿共戰爭之際，鑑於社會風氣萎靡，道德
倫理敗壞，決定倡導新生活運動。要求國民以禮、義、
廉、恥的固有美德，作為生活食衣住行的規範；以整
齊、清潔、簡單、樸素、迅速、確實為實踐的原則，來
掃除社會惡習，培養民族的生機與正氣。自此以後，新
生活運動由江西擴展至全國及海外華僑社會。當時中國
處於長期內憂外患之際，民心不免消極頹廢，新生活運
動對於民心的振奮、社會風氣的轉移，乃至組織動員的
經驗，都發生相當的作用。此不僅有助於江西剿共戰爭
的勝利，而且也是後來對日戰爭勝利的重要憑藉。

● 基層建設的推動

社會的基層建設，包羅萬端，與民眾的關係最為密
切。由於平民階層漸受重視，基層建設也日益進
步。包括：

一、土地改革：改善租佃關係，使佃農獲得合理的利益，是北伐以後國民政府的農業政策之一。故政府陸續頒布土地相關法案，做為實施平均地權及耕者有其田的依據。但因內憂外患不斷，施行成效不大。

二、保護勞工：隨著工商業的發展，勞工人數漸多，成為社會上的重要階層。國民政府為保護勞工，於民國 18 年公布並施行《工廠法》。其中勞工的工作時間、賠償、福利、衛生、安全及勞資關係等，均有明文規定，同時禁止雇用14歲以下的童工，並實施工廠檢查。

三、合作運動：以成立合作社事業來輔導人民的經濟生活，始於民國 8 年創設的上海國民合作儲蓄銀行。北伐以後，中國國民黨決定推展合作事業，藉以實踐民生主義的理想；並以設立農民銀行，信用合作社、產業合作社等為主要活動。此後，合作社數及社員人數，均不斷增加。

四、醫藥衛生：政府職司醫藥衛生事務，始自清末內閣設置的民政部衛生司，民初沿襲不替。北伐以後，先後改為衛生部、衛生署，省市地方也陸續成立衛生機構及醫療院所。不僅設備有顯著進步，衛生機關對醫藥人員的訓練與監督，對防疫、保健及學校衛生工作的推行也極有助於社會衛生及醫藥水準的提升。

問題與討論

一、殷海光先生在論「知識分子的責任」時指出：

「知識分子不止是讀書多而已，他更必須在心靈上具有獨立精神與原則能力。所以知識分子是為追求觀念而生活；他經常扮演社會文化批評者的角色，但往往也是創建社會文化的前鋒。」

請根據本節教材中「平民階層的重視」、「婦女的解放運動」、「社會風氣的轉移」等項目，舉證詮釋民初知識分子的表現，是否符合殷海光先生的標準？

二、北伐統一後，政府在公共政策方面，逐漸取得積極進取的主導地位，施政成果也頗有可觀。請根據本節教材中「平民階層的重視」、「婦女的解放運動」、「社會風氣的轉移」、「基層建設的推動」等項目，分析說明政府在社會變遷中的角色地位及其影響。

第三節　文化的發展

● 自由學風的樹立

清末新式學校的建立。自強運動時期已開其端。庚子後實施的新政中，又詔令各省書院改為學堂，省設大學、府設中學、州縣設小學，並頒布學堂章程。光緒31 年（1905），詔廢科舉，設學部，教育從此成為國家的要政；私人興學及出洋留學亦蔚然成風。顯示清末的教育改制。具有劃時代的意義。然而，清末的新制教育，多屬開通民智的通俗教育，即使京師大學堂，也充滿官僚習氣，談不上學術文化的創造與研究。

民國成立，由京師大學堂演變而成的北京大學，學風仍極保守。民國5 年蔡元培出任北大校長後，始銳意改革，強調學術研究為大學教育的主要任務。他的基本政策有三：一、北大不僅要介紹西方文化，也要創造新文化；不僅要保存國粹，也要以科學方法研究國粹。二、學生不得視北大為舊科舉制度的替身，也不可忽視本科以外的學問。三、北大要維護學術自由，不同的學說，只要有學理上的依據，都可自由發表。經過數年的努力，北大氣象為之一新。尤其自由學風的樹立，使北大師生常有卓然獨立的見解和主張，不人云亦云，不隨波逐流，故能扮演新時代催生者的重要角色。

維護學術自由，是啟蒙運動的基本精神之一。在這種自由學風下，許多知識分子成為創建社會文化的前鋒，各種思想學說，如百花齊放，爭奇鬥豔。遂使五四時期的新文化運動，呈現百家爭鳴的景象。

圖 6-15　北京大學校長蔡元培

◉ 文學革命的倡導

清末民初，中國文學發展已明顯有求變的趨勢。如立憲派或革命派，都儘量以簡易的文體向社會宣傳；民國成立後；也須有適合平民主義的語文工具；而報紙雜誌事業的興起，更需有大眾化的文體去傳播等。但舊的寫作方式——文言文，卻無法滿足這種需要。因此，反傳統的知識分子，決心以改造舊文學來傳播新思想，其代表人物為胡適、陳獨秀等人。

圖 6-16　民國 10 年任教北京大學時的胡適

　　民國 6 年，胡適首先在《新青年》發表〈文學改良芻議〉，提出「須言之有物、不摹仿古人、須講求文法、不作無痛呻吟、務去爛調套語、不用典、不講對仗、不避俗字俗語」八項原則。陳獨秀接著也發表〈文學革命論〉，主張建設平易的、抒情的國民文學，新鮮的、立誠的寫實文學，明瞭的、通俗的社會文學，正式揭起文學革命的旗幟。民國 7 年，《新青年》開始用白話體出版，獲得學界熱烈的響應。北大學生傅斯年、羅家倫等人也創刊《新潮》雜誌，成為文學革命的生力軍。其後，這種口語化、平民化、社會化的新文學，雖不斷遭受保守派勢力的反擊，但仍迅速的由北京通行全國。

圖 6-17　民國 6 年擔任北京大學文科學長時的陳獨秀

● 新思想與反傳統

　　自清末以來，救亡圖存的運動屢遭挫折。自強、維新、立憲等改革運動固已失敗；而辛亥革命後建立的共和政體，也歷經野心軍人政客的摧殘而弊病百出。部分知識分子在焦急的心理壓力下，遽指傳統文化不良

是造成近代中國衰敝的主因；認為只有全盤革新，才能
振衰起敝。五四的新文化運動，由是應運而生。

圖 6-18　民國 4 年 9 月 15 日，陳獨秀創辦的《青年雜誌》封面

　　民國 4 年 9 月，陳獨秀在上海創辦《青年雜誌》，
吹響了新文化運動的號角。翌年改名為《新青年》後，
成為北大新文化運動的大本營。由此，知識分子對新文
化的響往，逐漸發展成廣泛的思想啟蒙運動。他們認為
民主和科學是推動中國社會前進的兩個輪子，中國要從
專制和愚昧中求得解放，迎頭趕上歐美列強，必須「科
學與民權並重」。因此，《新青年》旗幟鮮明的提出
「德先生」（Democracy）和「賽先生」（Science）兩大
口號，來救治中國政治、道德、社會，學術及思想上的
一切黑暗。

　　民主與科學是近代西方的觀念，但並非和中國文化
互不相容⑪。陳獨秀等新文化運動者，將民主與科學放
在和中國傳統文化直接對立的地位，一面主張西化，一

────────────

⑪英國著名的科學史學者李約瑟，曾一再強調中國自有其科學的傳統。
　民主作為一種尊重人性的政治理想而言，也和儒家的民本、仁政、德
　治觀念，以及道家的無為、清靜、自然思想，有相通之處。

圖 6-19　民國 5 年 9 月,《青年雜誌》改名為《新青年》,成為
北大推動新文化運動的大本營。

面反對傳統;造成盲目的破壞傳統⑫、崇拜西方。凡是
中國所無的思想或主義,無不視為救治中國文化病根的
稀世良藥,一律稱之為新思潮,並傾全力加以介紹及宣
揚。於是各種外來的思潮,如社會主義、馬克斯主義、
資本主義、自由主義、個人主義等,雜然並陳,但因缺
乏真實的體認,反而導致社會陷於認識的混亂與思想的
貧困中,造成後來鉅大的禍患。

● 舊文化的重新評估

當新文化運動時期中國固有文化備受攻擊之際,由於
第一次世界大戰結束前後,歐洲部分學者如羅素

⑫當時對傳統文化,尤其是對儒家思想攻擊最力是《新青年》,陳獨
秀、胡適、吳虞等,都是典型的人物。這些人對中國傳統文化抱持懷
疑與反對的態度,偏重於破壞,而少有建樹。

（Russel, Bertrand Arthur Willian）等，對窮兵黷武的西方文化表示悲觀，對中國儒家的道德哲學及道家的自然主義，深為推崇。於是部分原已對中國文化喪失信心的學者，又重新進行舊文化的研發工作。他們應用當時傳入的懷疑主義治學方法⑬，針對古代的史事與思想，提出許多新論新解，令人耳目一新。這種整理國故的努力，以胡適、梁啟超等人最有成就。胡適著有《中國哲學史大網》等書，對先秦思想系統的整理，貢獻最大。梁啟超自民國 8 年遊歐歸來後，發表《歐遊心影錄》，正式宣布科學破產，並開始埋首整理國故，著有《中國近三百年學術史》等書，對清代思想史的整理，貢獻卓著。

　　此外，一向揄揚中國文化優越的學者如梁漱溟等人，此時也一面宣揚中國文化，一面批評西方文化的弱點。梁著有《東西文化及其哲學》等書，強調西方文化是固執向前的，印度文化是偏執後退的，只有中國文化能執兩用中。他們所代表的，正是文化民族主義的典型。

● 十年建國期間的文化建設

北伐完成後，內憂外患仍然不斷，國步艱危愈甚。為了厚植國力，十年建國成為物質建設趨重的時代，社會風尚亦多偏重實務，菲薄文化建設。故學術、藝文的發展，成就大受限制。

　　學術的發展，以哲學、科學、史學三方面較有可觀。哲學可分傳統哲學與西方哲學兩個領域，而以西方哲學較受重視。許多學者致力於西方古典哲學的翻譯與研究，如撰述《多元認識論》的張東蓀，出版《可能的

---

⑬懷疑主義（Agnosticism），或譯不可知論，是指只有證據充分的知識才可以信仰。凡證據不充分的，只能存疑，不可信仰

現實》的金岳霖，均為學界所推崇，傳統哲學以馮友蘭的《中國哲學史》最為有名。在科學方面，由於建國需才，特重應用科學，故地質學，生物學、物理學、化學等較為發達。數學雖是基礎科學，但因過於抽象，實用性較少，並不受重視。惟此時的科學多偏重介紹，談不上獨立的研究。在史學方面，疑古派、考古派在五四時期興起。考古派尤被視為科學的史學，十餘年的考古熱，先後發現了不少地下遺址。如河北房山縣周口店的舊石器時代遺址；河南安陽小屯村的殷墟等，對史學研究及歷史教育都有重要貢獻。

藝文的發展，包括文學、戲劇、音樂、美術等。其中，文學承啟蒙運動之餘緒，作家輩出，影響較大。重要的有四派：一、革命文學派：由郭沫若等人所倡導，強調一切文學都是宣傳，必須為無產階級革命服務，民國 19 年曾在上海成立中國左翼作家聯盟，盛極一時。二、民族主義文學派：以《前鋒週報》等刊物為代表，高舉民族主義的旗幟，與國際派的左翼作家聯盟對抗。三、現實主義派：以沈雁冰等人為代表，其作品強調「對新的時代有所說明」的風格。四、超現實主義派：以《新月》月刊為代表，著名的作家有徐志摩、梁實秋等，他們的作品常流露出飄逸的意境。此外，尚有講求文藝形式與技巧的「第三種人文學派」，以及文體富涵幽默諷刺的「茶話文學派」，惟均不具影響力。當時最受讀者歡迎的是現實主義派的作品，因為處在風雨飄搖的時代，人人都「需要現實的經驗，需要應付現實的知識」。

問題與討論

一、梁啟超說：

「思想自由，為凡百自由之母。」又說：「就學問而論，總要拿『不許一毫先入為主的意見來束縛自己』這句話做個原則。中國舊思想的束縛固然不受，西洋新思想的束縛也是不受。」

請問：

①蔡元培擔任北大校長時，他的那些作風可與上述梁啟超的主張相呼應？

②五四時期的思想界有那些現象回應了梁啟超的主張？

③在五四時期，梁啟超有那些學術活動可以反映他本人的上述主張？

二、在五四時期，梁漱溟等學者由於揄揚中國文化的優越而被視為文化民族主義的典型；那麼胡適、陳獨秀等人的反傳統思想與全盤西化論，是否應視為文化漢奸集團？為什麼？

三、曾在 1920 年代主編《小說月報》的沈雁冰，在〈社會背景與創作〉一文中說：

「真的文學也只是反映時代的文學，我們現在的社會背景是怎樣的社會背景，就應該產生怎樣的創作。由淺處看來現在社會內兵荒屢見，人人感著生活不安的痛苦，真可以說是亂世了，反映這時代的創作應該怎樣的悲慘動人呀！⋯⋯總之，我覺得表現社會生活的文學是真文學，是於人類有關係的文學，在被迫害的國家裡更應該注意這社會的背景。⋯⋯」

請問：

①文中使用的文體與敘述的內容,有沒有違背胡適的
〈文學改良芻議〉一文中所提的八項原則?為什
麼?

②文中所表現的意涵,是否大致吻合陳獨秀在〈文學
革命論〉一文中所主張的創作精神?為什麼?

③由文中所表現的創作風格,可知是屬於那一種文學
流派?

第七章

抗日戰爭與中共政權
的建立

　　抗日戰爭是中國自清末遭受帝國主義侵略以來，首度獲得全面性勝利的民族禦侮戰爭。中國以無比堅忍的毅力及慘重的犧牲，深獲並肩作戰的同盟國肯定，戰後乃得與美、英、俄、法並列世界五強。然而，抗戰也造成中國經濟的嚴重破壞，成為戰後社會衰亂的致命傷。另方面，中共則躲過了被剿滅的命運，在抗日民族陣線的口號下，伺機擴張，造成國共長年的鬥爭與勢力的消長。

　　自中共建立後，國共間的鬥爭即未曾中斷。無論是國民黨在北伐初期的聯俄容共政策，或是在抗戰期間的聯共抗日運動，中共始終沒有放棄自我擴張。從抗戰後期到中共政權的建立，國共鬥爭是中國歷史的主流。

第一節　抗日戰爭

日本的蓄意侵略

華盛頓會議後，日本的侵略氣焰稍事收斂。但國民革命軍渡江北伐後，日本即悍然出兵山東，製造濟南慘案①，意圖阻撓中國統一。及革命軍進逼北京，張作霖兵敗出關時，又將之炸死於皇姑屯，企圖造成東北的混亂。惟繼統奉軍的張學良宣布歸順中央，日本計未得逞。

民國 20 年，國府正忙於剿共戰爭，蘇俄經建計畫尚未完成，歐美列強也陷於經濟金融恐慌，日本認為有機可乘，遂加緊佈署對中國的侵略。9 月 18 日晚，日軍自毀瀋陽附近柳條湖鐵路一段，誣指為中國破壞，旋即攻陷瀋陽，史稱九一八事變。中國為免事態擴大，隱忍採取不抵抗政策②，東北各地遂相繼淪陷。日本為迫使中國屈服，並轉移國際焦點，民國 21 年 1 月 28 日，日軍突行攻擊上海，守軍英勇應戰，此即一二八事變。

九一八事變後，日本不理國聯撤兵要求，一意孤行。民國 21 年 3 月，復擁清廢帝溥儀為傀儡執政，成立「滿洲國」於長春。國聯不予承認，日本隨即退出國聯，

「本莊繁①深悉帝國為求生存及充實一等國地位，勢須乘此世界金融凋落，俄國五年計畫未成，中國統一未達之機，確實占領我三十年來經營之滿蒙，并達大正八年②，出兵西伯利亞③各地之目的，使以上各地與我朝鮮及內地打成一片。」

①九一八事變爆發時的日本關東軍司令官。
②即民國 8 年，西元 1919 年。
③日本乘俄國共產革命之際，謀奪取俄國在遠東的地位，曾出兵西伯利亞，結果鎩羽而返。

民國 20 年 8 月 3 日，本莊繁致函日本陸軍大臣南次郎，已露骨表現了侵占滿蒙的企圖。

①又稱五三慘案、五三國恥。日本於民國 17 年（1928）5 月 3 日出兵濟南，以阻止國軍北伐所引起的流血事變。據估計，此次慘案造成軍民死傷 11,000 餘人，財產損失在 2600 萬餘銀元以上。
②九一八事變發生後，全國民情激憤，抗日聲浪響徹雲霄。國府深知國力薄弱，尚不足以與日本一拚。且此時歐美列強受經濟恐慌影響，無暇顧及日本的侵略；國聯亦無實力可言。加上國內剿共戰爭正在開始；長江、淮河氾濫成災，數十萬人無家可歸，政府已窮於應付，不得不對日本的侵略採不抵抗政策。

圖 7-1　民國 21 年「一二八事變」爆發後，駐防上海閘北的第十
　　　　九路軍奮起抵抗。

圖 7-2　民國 23 年 3 月 1 日，溥儀在日人指示下穿元帥裝「登
　　　　極」，成為「滿洲國」皇帝。

攻占熱河，進而南犯長城各口，直逼北平。此後日軍不
斷在華北製造緊張情勢，陰謀策動華北自治。

抗戰的爆發與初期情勢

民國 26 年（1937）7 月 7 日，日軍在北平近郊宛平縣
盧溝橋附近演習，藉口搜尋一名失蹤士兵，襲擊宛

平城。駐軍吉星文團長率所部奮起抵抗，八年抗戰就此
揭幕。史稱盧溝橋事變，或七七事變。

　　7 月底，日軍攻陷北平、天津等華北重鎮後，旋即
對上海發動八一三戰事，守軍奮勇應戰，全面抗戰開
始。日軍不斷增援，中國亦精銳盡出，前仆後繼，相持
三月之久。不僅國際人士重估中國的抗戰能力，長江下
游的戰略物資亦得以緊急後撤。12 月，南京淪陷，日軍
肆行屠殺，死難者達 30 萬人；外人目擊者稱為現代史
上最野蠻的暴行。惟上海撤守時，國民政府立即宣布遷
都重慶，粉碎日本擬於三個月內征服中國的迷夢。

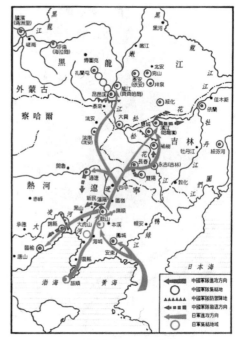

圖 7-3 「九一八事變」日軍進攻東北示意圖
　　　　民國 20 年 9 月 18 日～21 年 2 月 5 日

　　自抗戰爆發至珍珠港事變發生（民國 26～30 年），
為抗戰的前期，也是中國獨立奮鬥的時期。以空間爭取

圖 7-4　民國 26 年 7 月盧溝橋事變發生後，第二十九軍在盧溝橋
　　　　抗擊日軍的侵略。

時間，採行消耗戰與持久戰，是此期的主要戰略。日軍
的速戰速決戰略，雖已據有平漢、粵漢鐵路以東，自北
平以迄廣州的重要城市，但所控制的僅為點與線，不能
構成面的占領，以致深陷泥沼，不能自拔。中國則在有
效消耗日軍戰力，間予重創後③，退守平漢、粵漢兩路
以西，但在黃河流域及長江下游仍留有重兵，保持戰略
地帶，變敵人的後方為前方。至此日本知軍事不能屈服
中國，乃全力封鎖海上交通，濫炸重要城市，企圖在經
濟、精神方面置中國於死地。中國軍民則咬牙苦撐，表
現了不屈不撓的民族精神。

---

③如民國 27 年 4 月 6 日，孫連仲部在臺兒莊大敗日軍，殲滅磯谷廉介
　部三萬人，是抗戰爆發後，正面戰場上的第一次重大勝利。

圖 7-5　民國 26 年 7 月 17 日，蔣委員長在廬山發表莊嚴果決的抗
　　　　戰誓詞：「如果我們戰端一開，則地無分南北，年無分老
　　　　幼，無論何人皆有守土抗戰之責任，皆應抱定犧牲一切之
　　　　決心。」其維護領土完整及主權獨立的苦心與決心，溢於
　　　　言表。

圖 7-6　戰火孤雛：民國 26 年 8 月 28 日正午，日機轟炸上海南
　　　　站，當場炸死候車的乘客二百多人，傷者不計其數。這張
　　　　照片迅即傳遍全世界，激起各國對日本侵略者的強烈譴
　　　　責。

圖 7-7　日軍屠刀下的無辜難民：民國 26 年 12 月 13 日，南京陷
　　　　落後，日軍的大屠殺即延續一個半月之久，中國軍民死難
　　　　者達 30 萬人以上。

圖 7-8　戰火慘烈中的上海四行倉庫，其西邊的中國地界已被日軍
　　　　占領：東邊是西藏路，屬公共租界；倉庫的南邊是蘇州
　　　　河，過河也是公共租界，這裡成為一座孤島。謝晉元團長
　　　　領八百孤軍堅守四行倉庫，英勇的精神，中外同聲讚嘆！

圖 7-9　日機濫炸重慶，大火籠罩全市。從民國 27 年到 32 年，侵
　　　　入重慶上空肆虐的日機達 5000 多架次。不僅全市建築、
　　　　水電等設施盡燬，更造成無數民眾的傷亡，但中國沒有屈
　　　　服。

● 抗日戰爭的艱困時期

南京失陷後，日本曾經由德使對華提出苛刻的和平條
件，但不得要領。民國 27 年 1 月，日本首相近衛
乃發表聲明「不以國民政府為對手」④，轉而積極採取
以華制華、以戰養戰政策，先後成立北平「臨時政府」
及南京「維新政府」兩傀儡政權。是年 12 月，又連續

──────────
④意即不再與國民政府辦理交涉。

圖 7-10　敵後抗日根據地示意圖（民國 30〜31 年）

發表聲明，希望中國共同「建設東亞新秩序」⑤。汪兆
銘因此私自重慶出走，呼應《近衛聲明》。民國 29 年，
汪「政權」在南京成立，並與日本簽訂祕密協定，抗日
陣營由是分裂。

---

⑤民國 27 年 11 月 3 日，日本政府發表第二次《近衛聲明》，提出希望
　中國政府分擔「建設東亞新秩序的責任」。12 月 19 日，汪兆銘由重
　慶經昆明潛往河內。22 日，日本發表第三次《近衛聲明》，提出「善
　鄰友好」、「共同防共」、「經濟提攜」三原則，以策應汪氏的叛國
　活動。

圖 7-11 汪兆銘與侵略者共舞：民國 28 年 6 月汪兆銘訪問日本，
與發動侵華戰爭的罪魁，陸軍大臣東條英機會談，後來
簽訂的賣國條約，被譏為「集日閥多年夢想之大成，集
中外歷史賣國之罪惡，從現在賣到將來。從物質賣到思
想。」（香港《大公報》民國 29 年 1 月 10 日社論語）

　　在國際情勢方面，七七事變爆發後，中國曾向國聯
控訴，但國聯無力制裁侵略，僅能予中國精神上的支
持。美、英雖曾貸款中國，亦僅屬杯水車薪。俄國是援
助中國最積極的國家，其目的在使中國牽掣日本，減輕
東顧之憂，但民國 30 年與日本締結中立友好條約後，
旋即停止援華，無異是鼓勵日本全力侵華。第二次世界
大戰爆發後，法國更罔顧道義，封閉滇越鐵路，准許日
本使用越南機場攻擊中國；英國亦封閉滇緬公路三個
月。中國對外交通遂完全斷絕，抗戰形勢更為險惡。

⬤　同盟國並肩作戰與日本的投降

從珍珠港事變至日本敗降（民國 30～34 年）為抗戰
的後期階段，也是中美並肩作戰的時期。美國因在
珍珠港事變初期受創嚴重，一時無力反攻；加上採行「先

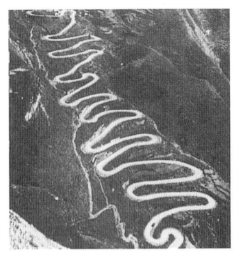

圖 7-12　滇緬公路全長 958 公里，是戰時重要的聯外道路，由於
　　　　　工程極為艱鉅，必須動員沿線 10 個民族的民工 15 萬人，
　　　　　日夜趕工。全線施工高峰期，每天更達 20 萬人之多。自
　　　　　民國 26 年 12 月動工，27 年 8 月即完工通車，舉世震驚。

歐後亞」，全力對德的戰略，遠東戰場實際仍由中國獨
立負責。此時日本席捲南洋，美、英蒙受重大挫敗。蔣
委員長被推為盟軍中國戰區最高統帥⑥，不僅牽制日軍
一百餘萬，使美國得以從容備戰，保持其澳洲的基地而
且以精銳之師遠征緬甸，解英軍之圍，阻止日軍進攻印
度與德軍會師的企圖。

　　中美共同對日作戰形成後，美國為使中國繼續牽掣
日軍，曾提供貸款與軍援，使中國財政轉危為安。美國
第十四航空隊在華成立後⑦，制空權轉入盟軍之手。國
軍經過武器更換與加強整訓後，戰力倍增。民國 34 年
（1945）5 月以後，國軍積極反攻，美軍亦連勝於海上，

────────────

⑥中國戰區包括越南、泰國、緬甸等地。
⑦民國 30 年（1941）6 月，日軍進占越南後，太平洋情勢緊張，美對中
　國援助加強。8 月，陳納德（Claire L. Chennault）組織美國志願空軍
　隊（又稱飛虎隊）來華助戰，至是併入第十四航空隊。

日本本土遍遭轟炸。7 月，中、美、英聯合發表《波茨坦宣言》，命日本無條件投降。8 月 6 日，美以原子彈投於廣島，9 日再投於長崎，日本卒於 14 日宣布投降。9 月 3 日，盟軍在東京灣受降，中國代表亦到場參加。9 日，日本駐華派遣軍總司令在南京正式向中國簽遞降書，八年的抗日戰爭，至此獲得最後的勝利。

● 抗戰時期的建設與成就

八年對日抗戰，中國國土泰半淪為戰場，造成生命財產極為慘烈的犧牲。但國民政府在抗戰期間，為實施持久戰略，根據《抗戰建國綱領》，一面抗戰，一面建設，故能愈挫愈奮，堅持到底。尤其國民精神總動員的實施，於國人心理及民族精神的培養影響至鉅。所謂「重慶精神」遂成為戰時中國的象徵。

在國內的建設方面，為配合以空間換取時間的戰略，抗戰伊始即有計畫的將機關、學校、工廠向後方遷移，形成空前的遷徙壯舉。一向被視為荒僻落後的西南與西北邊陲，從此獲得了開發的機會，各種工礦、農牧、交通的建設與發展，也因而與內地各省區漸趨均衡。

在國際關係方面，中國抗日戰爭與第二次世界大戰合一後，國際地位大為提高。美、英於民國 31 年宣布撤銷以往對華的不平等條約，並於翌年訂立平等互惠新約。百年桎梏，遂告解除。同時，中國與美、英、俄成為對抗軸心國侵略的四強，盟國間的協調合作愈為重要。民國 32 年 11 月，國府主席蔣中正⑧，與美國總統羅斯福（Franklin D. Roo-sevelt）、英國首相邱吉爾（Winston S. Churchill）會於開羅，發表宣言，強調制止及懲

---

⑧原國府主席林森於是年 8 月病逝，由蔣中正繼任主席。

罰日本的侵略，東北、臺灣、澎湖群島等須歸還中國，
朝鮮應使其獨立。民國 33 年 10 月，中、美、英、俄又
宣布聯合國組織案。翌年 10 月，聯合國成立，中國為
安全理事會常任理事國，成為世界的領導國家之一。

圖 7-13　民國 34 年（1945）9 月 9 日上午 9 時，中國戰區日軍投
　　　　　降簽字儀式在南京進行。侵華日軍總司令岡村寧次向中
　　　　　國戰區陸軍總司令何應欽遞呈降書。

圖 7-14　內遷的工廠，立即投入戰時生產。

圖 7-15 民國 32 年 11 月 22 日，中、美、英三國首長蔣中正、羅斯福、邱吉爾及蔣夫人宋美齡在開羅會議期間會晤。

問題與討論

一、民國 34 年(1945)1 月 6 日，美國總統羅斯福在國情咨
　　文中，讚揚中國的抗日戰爭在世界反法西斯侵略中的
　　地位和貢獻，他說：「難以想像中國人民在 4 年多的
　　長時間裡，是怎樣頂住了日本的野蠻進攻和在亞洲大
　　陸廣大地區牽掣了大量的敵軍」。請問：
　　①有人說中國的抗日戰爭，是以 17 世紀的社會對抗
　　　20 世紀現代化的日本。但中國不僅能孤軍奮鬥 4
　　　年，而且使日本深陷戰爭泥沼之中。羅斯福難以想
　　　像其中原因，請你替他說明。
　　②八年抗戰中，前 4 年是孤軍奮戰，後 4 年的中國戰
　　　略情勢有何改變？
　　③羅斯福為何讚揚中國在「亞洲大陸廣大地區牽掣了
　　　大量敵軍」？
二、清末以來，中國在列強侵略之下淪為次殖民地的地
　　位，但隨著抗日戰爭的發展，中國的國際地位日漸提
　　高，甚至與歐美列強並駕齊驅。請根據本節教材內
　　容，評述抗戰後期中國國際地位提高的情形。
三、什麼是「重慶精神」？「重慶精神」發揮了什麼作
　　用？現在我們有沒有「臺北精神」？我們需要怎樣的
　　「臺北精神」？
四、民國 29 年，日本高唱「日滿支（那）共同體」，並邀
　　請溥儀及汪兆銘訪問日本。有人因此懸一燈謎，謎面
　　是「汪兆銘晤溥儀」，射一兒童讀物。請問謎底是什
　　麼？你的答案必須說明理由。

第二節 國共勢力的消長

中共成立與國民黨的聯俄容共

民國 6 年 11 月，列寧領導的共產革命成功。當時中國正值五四時期，不少報刊肯定俄國革命的意義，並評介馬克斯的學說，給予求變的知識分子以深刻的感受。其後，俄國一面由加拉罕發表對華宣言，謀爭取中國的好感，一面派遣第三國際的東方書記吳廷康（維丁斯基 G.N. Voitinsky）來華，策動共產黨的組織。陳獨秀等人即在吳廷康資助下，成立「馬克斯主義研究會」，進而於民國 10 年 7 月，在上海舉行共產黨第一次全國代表大會，正式宣布中國共產黨的成立。並通過黨綱，決定實行無產階級革命，接受第三國際領導。

中共成立之初，因中國工人階層勢力薄弱，無法據以建立反軍閥、反帝國主義的勢力；共產國際乃決定促使中共與國民黨組織聯合戰線。時孫中山先生的革命事業屢遭挫折，亟須獲得俄援並借重俄國革命成功的經驗；來華俄國代表又屢次面陳俄國援助的誠意。孫中山先生遂決意採取聯俄容共政策，允許共黨分子以個人資格加入國民黨。此後即在俄國顧問與中共協助下，創辦黃埔軍校，為國民革命軍的建立及北伐大業，培養了一批政治和軍事的中堅力量。

孫逸仙博士以為共產組織甚至蘇維埃制度，事實上均不能引用於中國，因中國並無可使此項共產主義或蘇維埃制度實施成功之情形存在之故，此項見解，越飛君完全同感。且以為中國最重要最急迫之問題，乃在民國的統一之成功，與完全國家的獨立之獲得。關於此項大事業，越飛君並向孫博士保證，中國當得俄國國民最摯熱之同情，並可以俄國援助為依賴。

孫越《聯合宣言》：民國 12 年孫中山先生與俄國代表越飛發表的《聯合宣言》，是孫中山先生聯俄容共的基本精神。

共黨勢力擴張與國民黨的清黨

中共在國民黨內寄生後，勢力發展快速。孫中山先生逝世後，更力謀爭取革命的領導權。民國 14 年 8

月，推動聯俄容共最力的廖仲愷被刺⑨，中共即乘機在
俄國顧問鮑羅廷 （ M. M.Borodin）策劃下，扶持汪兆
銘，並排除異己。於是，反共的胡漢民被派赴俄，林
森、鄒魯等被迫離粵，汪遂得以把持廣州中央，並高唱
「革命者向左轉」，共黨勢力一時大盛。林森、鄒魯等
乃聯合國民黨內反共人士，在北京西山碧雲寺開會，決
議分共；並在上海另立黨中央，是為西山會議派。

圖 7-16　廖仲愷擅長財政，曾追隨孫中山先生從事討袁，護法諸
　　　　 役，對革命事業貢獻良多。

　　共黨勢力也在黃埔軍校擴張，校長蔣中正深以為
憂。民國 15 年 1 月，蔣提出北伐主張，鮑羅廷等俄國顧
問均不贊同，並積極運動倒蔣，指為新軍閥。3 月 20 日
發生擬劫持蔣直駛海參崴的「中山艦事件」，蔣採取斷
然處置，汪意不自安，託病離粵赴歐。北伐期間，共黨
假國民黨名義，除建立武漢的左派政權外，又煽動農工

⑨廖仲愷是孫中山先生聯俄容共政策的主要推動者，當時中共在國民黨
　中的氣燄太高，引起部分國民黨人士的憤恨不滿。民國 14 年 8 月 20
　日，廖在廣州被人暗殺，事涉反共派國民黨人，鮑羅廷乃扶持汪兆
　銘，藉廖案以排除異己。

暴動，製造南京事件與上海暴動，阻撓北伐進行。民國
16 年 4 月，國民革命軍蔣總司令決心清黨，開始反共，
共黨的發展遂大受打擊。

　　清黨之後，國民政府定都南京，於是寧、漢分裂。
共黨雖迎接汪兆銘歸國復任武漢國民政府主席，但除俄
國外，各國均承認南京政府。不久，汪亦發現共黨陰謀
而繼起清黨。9 月，寧、漢統一，政府仍設南京。

圖 7-17　中共成立的中華蘇維埃共和國紅軍印信。

⬤　中共叛亂與國民黨的剿共安內

寧漢相繼清黨後，中共在俄國指使下，改採暴動路
線，發展武裝力量。至民國 19 年，其活動範圍已擴
及贛、湘、閩、鄂、皖等省。民國 20 年 11 月，在江西瑞
金成立「中華蘇維埃共和國」，首次組織「中央政府」。
民國 21 年 5 月，新任軍事委員會委員長的蔣中正，提出
「攘外必先安內」的政策，積極致力於剿共。終迫使共
軍放棄江西基地，突圍西竄。國軍跟蹤追擊，深入黔、
滇、川、康各省，不惟予以致命打擊，而且增強中央對
西南的統治，為其後的對日抗戰，奠定了穩固的大後方。

圖 7-18　中共在江西發行的紙幣，上圖為中華蘇維埃共和國鈔票：
　　　　正面印有列寧像，下圖為反面。

　　民國 24 年 10 月，殘餘共軍竄抵陝北，侷促一隅，
張學良的東北軍及楊虎城的西北軍，亦參與圍剿任務。
時日軍正加緊在華北製造緊張局勢，中日之戰已瀕臨
「最後關頭」[10]。中共在共產國際指示下，採取「抗日
民族統一戰線」的統戰政策，要求停止內戰，一致抗
日。張學良操危慮患，決與楊虎城一致，停止剿共。蔣
委員長為穩定軍心，親臨陝西督導，民國 25 年 12 月 12
日，竟遭張、楊劫持，是為西安事變。

　　事變發生後，中央緊急應變，討撫兼施，旬餘之
後，和平解決。惟鑑於日本侵略日亟，國內抗日輿情高
昂，蔣委員長乃決定國共聯合抗日的國策。

─────────────

[10] 民國 24 年 11 月，蔣委員長在中國國民黨第五次全國代表大會中發表
　　外交方針，指出：「和平未到絕望時期，決不放棄和平；犧牲未到最
　　後關頭，亦不輕言犧牲。」意指中國願對日本和平，但不退讓；和與
　　戰，由日本自擇。

● 抗戰時期由合作到衝突的國共關係

七七事變後，國民政府宣言抗日，中共亦發表共赴國難宣言，並向政府提出保證：實行三民主義、停止暴動政策、取消蘇維埃政府、改編紅軍為國軍。國民政府為團結抗日，允其所請，將陝北共軍編為第八路軍，後改稱為十八集團軍；原遺留江南各地的共軍編為新四軍。其後，國民政府以孤軍抗戰，亟須俄國軍援，遂對中共多所優容。允其建立陝甘寧等邊區自治政府，延攬毛澤東、周恩來等共黨分子出任國民參政員、准其在重慶創辦《新華日報》、發行書刊等。國共關係，一時似乎合作無間。

然而，中共投在國民政府的旗幟下抗日，只是一種求生發展的謀略。民國 30 年初，國軍即因此在皖南將新四軍包圍繳械，取消其番號，是為「新四軍事件」。此後國共關係即瀕臨破裂，國民政府採取圍堵及監視；中共則宣傳國民黨不用國軍抗日，反用以封鎖共軍。於是在中外人士同情下，中共勢力迅速擴張。國共衝突遂愈演愈烈，勢難遏阻。

民國33年11月，美國特使赫爾利（Patrick J. Hurley）來華調解國共衝突。由於蔣委員長拒絕中共組織聯合政府的要求，中共也反對國民黨遵循從訓政到憲政的建國程序，國共和談，遂告失敗。

中國人不管貧富各階層，均願抗日，不願要蘇維埃，中國共產黨在這種情形之下只有抗日，在抗日之下，進行加強黨的組織，增加人民革命的情緒，壯大前方軍，組織和訓練後備軍，以待新的時機，新的條件到來。

中共「抗日大學」的講稿，明白表示中共參加抗戰的策略。

西起南京，東至海邊，北至徐州，應盡可能迅速地，並有步驟、有計劃地將一切可能控制的區域控制在我們手中。獨立自主的擴大軍隊，建立政權，設立財政機關，徵收抗日捐稅，設立經濟機關，發展農工商業，開創各種學校，大批培養幹部。中央前要你們在一年內，在江浙兩省敵後地區擴大抗日武裝至十萬人槍和迅速建立政權等項，不知你們具體布置如何？

民國29年10月，毛澤東對新四軍所下達的指示。

圖 7-19　雅爾達會議：民國 34 年 2 月 4 日至 11 日，美、英、蘇三
　　　　國首腦羅斯福、邱吉爾、史達林在蘇俄的雅爾達舉行會
　　　　議，商討關於打敗德國後的形勢與蘇俄對日作戰等問題，
　　　　簽訂了對中國禍患無窮的《雅爾達秘密協定》。

戰後的國共鬥爭與勢力消長

日本宣布投降前數日，蘇俄利用《雅爾達協定》對日宣戰⑪，旋即兵分三路進入中國，日本關東軍不戰而降，武器裝備全被俄軍收繳，轉供中共部隊使用。中共因之坐大，國共鬥爭乃進入「打打談談」的階段。

　　日本投降後，國共雙方在重慶會談，共商和平建國

---

⑪ 1945 年 2 月，羅斯福、邱吉爾及蘇俄總理史達林（Joseph Stalin）在
雅爾達（Yalta）舉行會議。羅斯福為促成蘇俄對日作戰，以減少美軍
的犧牲，竟多方遷就蘇俄要求。在三國簽訂的秘密協定中，允許俄國
在東北享有特殊利權，並承認外蒙獨立，使中國蒙受重大損失。美國
遲至 6 月中旬，始將秘密協定內容通知中國。當時中國基於全球戰略
的考量，不得不屈從美、英決定，並與蘇俄簽訂為期 30 年的《中蘇
友好同盟條約》，大致承認《雅爾達協定》中的條款。這是八年抗戰
所帶給中國的最大禍患。

問題。雖獲致原則性協議，但毛澤東堅信「槍桿子裡出政權」，故在赴會前夕，即下令共軍展開全面攻勢。

　　民國 35 年 1 月，在國共軍事衝突危機中，國民政府依重慶會談協議召開政治協商會議，但有關改組政府及召開國民大會的決議，成為國共鬥爭的焦點。美國為調停國共衝突，派馬歇爾（George C. Marshall）為特使來華，成立停戰協定。但中共一方面藉打打談談擴張勢力，一方面策動反美運動，使馬歇爾遷怒政府，甚至斷絕一切對華援助。至民國 36 年初，馬歇爾的任務完全失敗，黯然返美。

　　在國共的長期衝突中，中共的最後目標是奪取統治權。因此制憲國民大會召開後，中共拒絕參加，集中全力武裝奪權，並在各地製造學潮，困擾政府。政府一面實施憲政⑫，一面與中共進行軍事對抗。民國 36 年 7 月，明令動員戡亂。但自是年底開始，戰局逐漸逆轉。主要原因是蘇俄對共軍的援助源源不絕；中共控制農村兵源，進行「人海戰術」；又大肆破壞交通，使國軍各據點陷於孤立。政府則面臨戰後的吏治不良，通貨膨脹，社會不安，民心厭戰，加上美援的斷絕，軍心士氣低落，終致優勢轉為劣勢。民國 37 年，國軍在東北、華北、西北、華中等地戰場相繼失利；民國 38 年 1 月，徐蚌會戰重挫以後，國軍撤守長江以南，情勢愈危。

---

⑫民國 35 年 12 月 25 日，制憲國民大會三讀通過《中華民國憲法》，民國 36 年元旦正式公布，同年 12 月 25 日開始實施，成為中國第一部正式的民主憲法。民國 37 年 3 月，第一屆國民大會在南京開幕。4 月，國民大會選舉蔣中正先生為行憲後第一任總統，李宗仁為副總統。

● 大陸的變色

國共鬥爭本質上是一個國際性的鬥爭。蘇俄在不斷取得中共出讓的許多利權下⑬，持續給予中共軍事和外交的援助。美國則一直迫使國民政府與共黨合作，援助少而責難多。終使國民政府的實力與聲望每下愈況，不僅喪失了與中共軍事對抗的力量，也喪失了與中共和談的條件。

　　徐蚌會戰後，和談之聲又起。副總統李宗仁及政府內外，傳言非蔣總統下野則「美援不來」、「和談不能進行」。蔣總統乃於民國38年1月引退，由李宗仁代理總統，與中共進行和談。但此時中共已無意議和，反要求國民政府投降。4月，國共和談破裂，共軍大舉渡江，南京失守。10月，廣州淪陷，政府再遷重慶。西北、華南各省相繼失守。李代總統託病滯留香港，中樞無主，局勢危殆。國民黨總裁蔣中正出而支撐危局，西入四川。不久，重慶失陷，政府西遷成都，後又播遷臺北，大陸遂全然變色。政府最後只保有臺澎金馬作為反共基地，形成五十年來國共對峙的局面。

---

⑬民國 37 年（1948）12 月，中共派員赴俄，與俄國簽定《莫斯科協定》，要點包括：中國境內的礦產優先給予蘇俄開採，蘇俄有權駐軍於東北及新疆，如果第三次世界大戰爆發，中共紅軍應依靠俄軍作戰，如蘇俄與歐洲發生戰爭，中共應派遣遠征軍十萬人及勞工一百萬人，支援俄軍作戰等。

問題與討論

一、孫中山先生為何採取聯俄容共政策？這項政策對國共雙方各有何影響？

二、中共中央曾露骨的表示：「紅軍名義的改變，是為了全國抗日的統一指揮，雖然在名義上是改變了，但是實際上還是照紅軍一樣的辦法，仍然是共產黨的領導，我們的指戰員還是我們的人，國民黨不能派一個人到我們隊伍來負責工作。通俗的說：外面雖是白的，內面還是紅的。」請問：

①紅軍在名義上有什麼改變？

②國民黨為何願意接受紅軍改變名義？

③紅軍的名義改變了，中共何以說它「外面雖是白的，內面還是紅的」？

④由此可知此時中共發展的策略是什麼？

三、民國 34 年 7 月，毛澤東曾對前往延安訪問的國民參政會參政員說：「蔣先生以為天無二日，民無二王，我不信邪，偏要出兩個太陽給他看看。」請根據本節的教材內容舉證說明，在國共長期鬥爭中，中共的那些行動確已使中國出現了「兩個太陽」？

四、經過八年艱辛的抗戰，中國贏得了勝利，卻喪失了和平；洒雪了舊的國恥，卻面臨了新的國難。請問：

①抗戰勝利後，國共關係的演變為何會使中國喪失了和平？

②國民黨能夠領導國人洒雪舊國恥，何以面臨新國難時卻束手無策，以致大陸變色？

第三節 中共政權的演變

● 中共政權的建立與鞏固

民國 38 年 10 月，在國共鬥爭中已占絕對優勢的中共，宣稱中國人已經站起來了，從此將不再是一個受人侮辱的民族了。10 月，「中華人民共和國」正式成立，改北平為北京，採用西元紀年。但是面對戰後政治、社會、經濟的百廢待舉，如何鞏固政權，成為紅朝新貴的當務之急。

從民國 38 到 45 年（1949〜1956），是中共政權演變的第一階段，毛澤東以絕對的權力掌控政權，確立了最初的「新民主主義」建國方針⑭。前三年（1949〜1952），是中共的「國民經濟發展時期」，此時國民經濟逐漸恢復，而且質與量都有初步的發展。但為了鞏固政權，中共除了在美、俄對抗中宣布對俄「一面倒」之外，又採取了「三套鑼鼓一起響」的政策。也就是抗美援朝、土地改革、鎮壓反革命三大運動配合進行，動員全國民眾，以確保國際地位、廢除土地私有制度及清除國民政府的殘餘勢力。接著，又進行三反五反⑮、思想改造運動，以肅清反革命分子。

---

⑭中共所謂的新民主主義，就是建立工人階級領導、以工農聯盟為基礎、團結各民主階級和國內各族的人民民主專政的政權。

⑮民國 40 年（1951），中共推動「反貪污、反浪費、反官僚主義」的鬥爭，揭露不法資本家唯利是圖、投機取巧的種種罪行，是為「三反」。接著，又於翌年 1 月展開「反對行賄、反對偷（逃）稅漏稅、反對盜騙國家財產、反對偷工減料、反對盜竊國家經濟情報」的運動，是為「五反」。

後四年（1953～1956），是進行從新民主主義到社會主義的「過渡時期總路線」。中共大體上完成了對農業、手工業和資本主義工商業的社會主義改造。三大改造完成後，中共的社會經濟結構發生了根本的變化，公有制經濟已占 93%，以公有制為基礎的社會主義經濟制度，至此大致確立。中國也從此進入一個新的歷史階段。

● 三面紅旗改造運動的興起與調整

從民國 45 到 55 年(1956～1966)，是中共政權演變的第二階段。此時中共雖已奠定社會主義的基礎，但卻面臨了如何建設和發展社會主義政治、經濟、文化的新課題。中共初則允許各界針對新課題大鳴大放[16]，繼則視異議分子為反動的右派，隨即進行「反右派鬥爭」，

圖 7-20　大躍進時期的「土法煉鋼」：民國 47 年，全國參加大煉鋼鐵的人數，最多時達到 9,000 萬人，共建立大小高爐 60 多萬座，不少民眾家裡的燒飯鐵鍋，也被投入煉鋼爐。

---

[16]民國 45 年（1956）4 月，毛澤東以國家主席身分，提出藝術問題上的「百花齊放」和學術問題上的「百家爭鳴」，是中共發展科學和藝術的方針；各種學術思想，無論是否正確，都可以在刊物報紙上各申己見。「雙百方針」的提出，立即受到知識界的熱烈擁護，因而激發了重視獨立思考和客觀分析，不迷信，不盲從，敢於堅持自己正確的意見和反駁任何人的錯誤意見，敢於批判和揭露生活中的不合理現象。

圖 7-21　人民公社中的公共食堂：中共實施人民公社後，全國農
　　　　　村以生產隊為單位成立了數百萬個食堂，但隨著「公」
　　　　　有化的結果，許多地方沒有節制的「放開肚皮吃飽飯」，
　　　　　後來造成公共食堂缺糧停伙的現象。

使鳴放運動成了「引蛇出洞」的誘餌。於是中共政權加
速「左」轉，認為社會主義建設可以躍進方式快速完成。
　　民國 47 年（1958），毛澤東高舉「工農業生產大躍
進」、「社會主義建設總路線」、「人民公社化運動」
三面紅旗，企圖在 15 年內超英趕美。結果在農業方面
不斷出現虛報浮誇的高產記錄；在工業方面的全民「土
法煉鋼」，不但浪費龐大的人力物力，而且造成國民經
濟比例嚴重失調，天災人禍不斷。同時，為了便於推動
生產「大躍進」，需要有與之配合的社會組織，於是集
中領導、集體勞動、集合生活的人民公社遂應運而生。
然而在這場違反自然規律的生產建設運動中，毛澤東帶
頭瘋狂冒進，建設指標越抬越高，浮誇風氣越來越重，
悲劇也就越演越烈⑰，幾乎導致農村的全面破產，一場

───────────────

⑰在毛澤東的不當鼓舞之下，這場人類史上最瘋狂的生產建設運動，在
　大陸究竟造成多少生靈塗炭難以統計；但據一份不完全的資料顯
　示，在三年大躍進期間，大陸人民死於飢餓的人數，即在二千萬人左
　右。

大規模的政治風暴也已隱然成形。

由於「三面紅旗」的嚴重錯誤,中共不得不調整路線,以「大集體小自由」的方針,發還「自留地」,恢復「自由市場」、「自負盈虧企業」,並實施「包產到戶」,此即「三自一包」政策。經過5年(1961～1965)的經濟調整後,成效漸著。不僅農工物質建設穩定發展,在尖端科技方面也有所突破。民國53年(1964)10月,中共第一顆原子彈試爆成功,從此躋入世界核子俱樂部之林。

● 文化大革命的全面發動

民國55至65年(1966～1976)的十年間,是中共政權的第三個階段。由於爆發了「文化大革命」,又通稱為「文革時期」。文革的浩劫,是中共政權建立以來最嚴重的危機。各種尖銳的社會矛盾層出不窮,人權法制被肆意踐踏,全國陷入激烈的政治鬥爭與社會動亂的漩渦之中。事實上,「文化大革命」既不是文化革命,也不是任何意義上的社會變遷,而是一場血淋淋的權力鬥爭所造成的全國性災難。

圖 7-22 批判劉少奇的群眾大會:民國 55 年,毛澤東發動文化大革命,藉批鬥劉少奇進行奪權鬥爭,終於將劉鬥垮、鬥臭。

　　「文革」的遠因，是毛澤東在對劉少奇的權力鬥爭中失勢。早在民國 45 年，劉在中共黨內已對毛的個人崇拜提出反對，使毛的威望面臨挑戰。三面紅旗的政策失敗後，毛被迫辭去「國家主席」職務，由劉繼任，更深感權力的危機。毛為重攬大權，首先扶植林彪掌握軍權，繼於民國 55 年策動文化大革命，利用衝動、無知的青少年組織紅衛兵，進行全國串連的奪權鬥爭。在「造反有理」的蠱惑下，這些為毛奪權賣命的「革命小將」，瘋狂展開向舊世界宣戰的「破四舊」運動，並且很快演變成抄家、打人、甚至隨意捕殺的武鬥。結果不僅當權派的劉少奇、鄧小平等人遭受批鬥而失勢，更造成無數傷亡枕藉的人間慘劇。中國民族文化的遺產，也遭到難以彌補的破壞。

　　劉少奇垮臺後，毛澤東重新登上權力的頂峰。但是林彪勢力的膨脹，又使毛深覺芒刺在背。民國 60 年（1971），林終於被毛整垮，墜機身亡。此後毛妻江青等四人幫竄升得勢，並與周恩來及復出的鄧小平明爭暗鬥。民國 65 年 1 月，周病死，鄧遭批鬥，毛起用華國鋒為接班人。同年 9 月，毛病死後，江青頓失所依。10月，四人幫被捕，紛擾十年的文化大革命，遂告結束。

圖 7-23　大陸漫畫家華君武的作品，對中共摧毀民族文化的作法多所諷喻。華君武於民國 56 年初遭整肅。

無產階級文化大革命，是要徹底破除幾千年來一切剝削階級所造成的毒害人民的舊思想、舊文化、舊風俗、舊習慣，在廣大人民群眾中，創造和形成嶄新的無產階級新思想、新文化、新風俗、新習慣。

民國 55 年 6 月 1 日《人民日報》社論刊載〈橫掃一切牛鬼蛇神〉一文，闡述「破四舊」、「立四新」的內容。

革命就是造反，毛澤東思想的靈魂就是造反。……我們就是要掄大棒、顯神通、施法力，把舊世界打個天翻地覆，打個人仰馬翻，打個落花流水，打得亂亂的，越亂越好！

民國 55 年（1966）6 月 24 日清華附中大字報〈無產階級的革命造反精神萬歲〉。

圖 7-24　毛澤東（左）與林彪：林彪曾任中共中央副主席、國防部長，支持毛澤東利用紅衛兵發動奪權鬥爭，被稱為毛澤東「最親密的戰友和接班人」，但後來卻成為毛鬥爭的對象。

● 改革開放與社會主義現代化的摸索

四人幫垮臺後，鄧小平復出。華國鋒為穩固其權力基礎，仍續堅持毛澤東的左傾思想路線⑱。民國 67 年 12 月，鄧在黨內提出〈實踐是檢驗真理的唯一標準〉⑲，用以全面檢討毛澤東及其思想。強調急風暴雨式的大規

---

⑱鄧小平復出後，華國鋒更堅持毛澤東的革命路線。民國 66 年 2 月特撰文強調：「凡是毛主席作出的決策，我們都堅決擁護；凡是毛主席的指示，我們都始終不渝地遵循」。華國鋒因強調「兩個凡是」，所以被稱為「凡是派」。

⑲以鄧小平為首的改革派，在民國 67 年 5 月發表了〈實踐是檢驗真理的唯一標準〉一文，批評過去十年來，以個人的迷信與權力崇拜而取消檢驗真理的錯誤做法。呼籲人們應該敢於打破過去盛行的個人崇拜和教條主義的精神枷鎖，敢於正視過去，實事求是地檢驗社會主義的經驗教訓。簡言之，應該重新檢驗毛澤東的左傾冒進思想路線。

模群眾階級鬥爭已經結束，此後的工作重點將轉移到社會主義現代化的建設上，正式提出改革開放的路線。華國鋒因而逐漸失勢，從此開啟了以鄧小平為核心的集體領導時代。由鄧扶植接班的總書記胡耀邦、「國務院」總理趙紫陽，則全力進行以農業、工業、國防、科技為重點的四個現代化，這是中共政權演變的一大轉折。

圖 7-25　慶祝粉碎「四人幫」：民國 65 年 10 月，四人幫被補，各地紛紛舉行慶祝活動，北京有 100 萬軍民熱烈慶祝粉碎四人幫。

自民國 67 年鄧小平建立中共第二代的領導核心，以迄 87 年以江澤民為核心的中共第三代集體領導成立止，中共在政策開放下的建設事業，經歷了農村到城市，從經濟體制到社會、教育等體制，從對內「搞活」到對外開放。尤其是提出所謂「建設有中國特色的社會主義」理論，使二十年來的改革開放，成為中共政權建立以來社會經濟發展最有成就的時代，也是人民生活水準改善最快的時代。中共的對外關係，以及在解決國際問題上的影響與作用，也因而日益增強。

然而，由於中共政權人治重於法治的鬥爭習性，加

上把持軍權的元老具有無上威權的黨內傳統，造成中共的政治舞臺不斷爆發周期性的風暴。因此，鄧小平在推動改革開放的右傾路線時，代表改革派的胡耀邦與趙紫陽，在與保守派的思想鬥爭中，即因對於社會主義教條堅持的程度不同，被迫相繼下臺。民國78年（1989），胡耀邦病死，北京各大學學生為悼念胡氏，追懷「五四運動」，群集天安門廣場，以靜坐、絕食方式，要求中共實施民主政治的第五個現代化。中共當局竟命軍隊於6月4日起展開血腥鎮壓，此一暴行，明白顯示中共槍桿子出政權的政治傳統，以及糾纏在社會主義、無產階級專政、馬列主義毛澤東思想的意識型態[20]，仍將使中共政權的演變，難以擺脫黨內鬥爭的習性。

　　我們的現代化建設，必須從中國的實際出發。無論是革命還是建設，都要注意學習和借鑑外國經驗。但是，照抄照搬別國經驗、別國模式，從來不能得到成功。這方面我們有過不少教訓。把馬克思主義的普遍真理同我國的具體實際結合起來，走自己的道路，建設有中國特色的社會主義，這就是我們總結長期歷史經驗得出的基本結論。

　　民國71年（1982年），鄧小平在中共第十二屆全國代表大會中，闡述有中國特色的社會主義道路。

圖 7-26　推動改革開放的鄧小平：鄧小平一反毛澤東時代的「左傾冒進」，認為「不管白貓黑貓，能捉老鼠就是好貓」；不論什麼思想路線，只要對中國有利就是好的政策。所以他要借助資本主義國家的技術和財力，推動四個現代化。

[20] 鄧小平的改革開放政策，當然也受到中共黨內保守派的反對，鄧為求化解阻力，因此在改革的同時，也提出了「四個堅持」，即「堅持社會主義道路、堅持無產階級專政、堅持共產黨領導、堅持馬列主義毛澤東思想」。但是，「四個堅持」反而成為保守派反對改革的利器。

問題與討論

一、從中共政權的演變史中,似乎可以發現領導階層的奪
　　權習性,甚至顯現出周期性、規律性的權力鬥爭跡
　　象。試以劉少奇、林彪、四人幫、華國鋒、胡耀邦的
　　史實為例分析說明之。

二、中共的政權演變,不斷出現周期性的奪權鬥爭,而且
　　往往爆發殘酷的批鬥暴力,造成政治、社會極度的不
　　安。針對這種現象,你認為最佳的解決之道是什麼?

三、何以說「文化大革命」不是文化革命,也不是任何意
　　義上的社會變遷?但是「文化大革命」的結果,對中
　　國傳統文化何以又造成嚴重破壞?

第八章

「臺灣經驗」的建立

　　四百年來的臺灣史，可說是一部臺灣在東亞崛起的歷史，更是一部臺灣由初民社會引進中西文明，進而不斷邁向現代化的歷史。

　　從 16 世紀初期以來，東亞隨著新航路的發現進入海權時代，臺灣即憑藉其特殊條件，快速發展，日新月異。在政治方面，繼日治時代和戰後「二二八事件」以來的民主運動之後，迄今民主化已進入成熟階段。在經濟方面，自清季開港貿易、推行「新政」並引進資本主義以來，歷經日治時代和戰後的發展，臺灣終於躍居世界新興工業化國家之林。此一政治民主化和經濟發展的傲人成就，世人譽之為「臺灣經驗」。

第一節　臺灣光復與政府遷臺

● 臺灣的光復

自《馬關條約》清廷割臺,至八年抗戰日本戰敗,臺灣在日本統治之下前後達 50 年。北伐期間,蔣總司令曾聲稱臺灣必須歸還中國。27 年中國國民黨臨時全國代表大會,又特別申明恢復臺灣失土的決心。抗戰期間,不少臺灣抗日革命團體曾參加對日抗戰,並在重慶成立臺灣革命同盟會,以打倒日本帝國主義,光復臺灣,協力建設三民主義新中國為宗旨。

圖 8-1　抗戰爆發後,留居中國大陸的臺灣志士紛紛加入抗戰行列。民國 29 年成立的「臺灣革命團體聯合會」,宣示共同團結抗日、並出版《臺灣先鋒》刊物。

圖 8-2 抗戰時期，由留居大陸的臺灣青年組織臺灣義勇隊，以行
　　　 動參與抗戰，圖為隸屬於該隊的附設臺灣醫院。

圖 8-3 民國 34 年 10 月 17 日，來臺接收的國軍開抵基隆，是日
　　　 下午 2 時抵達臺北，湧集街頭的市民、學生高唱歡迎歌：
　　　 「臺灣今日慶昇平，仰見青天白日清；哈哈，到處受歡
　　　 迎；六百萬人同快樂，簞食壺漿表歡迎！」

圖 8-4 民國 34 年 10 月 25 日，臺北公會堂舉行受降典禮，會場
　　　 外聚集了歡欣鼓舞慶祝臺灣光復的人潮。

民國 34 年 8 月 15 日，日本宣布無條件投降。9 月 1
日，政府公布《臺灣省行政長官公署組織大綱》，以行
政長官公署為治臺最高機關，任命陳儀為行政長官兼臺
灣警備總司令。10 月 17 日，國軍抵達基隆，翌日進駐
臺北。10 月 25 日，陳儀於臺北市公會堂（今中山堂）
舉行受降典禮，宣示臺灣自此光復，重入中國版圖。嗣
後行政長官公署於臺北市成立，隨即展開實際接收工
作。所有日人公私企業和財產一律收歸國有，這是日後
政府擁有龐大土地資產和公營企業的由來。

● 光復初期的政情

光復之初，臺灣同胞歡欣鼓舞，對政府熱切歡迎，並
寄以極高的期望。然而在政府接收一年之後，情況
卻急遽惡化，乃至爆發「二二八事件」。陳儀的治臺策
略，主要是以特殊化的行政長官公署及壟斷性的貿易局
和專賣局為二大主軸。首先，在政治方面，行政長官集
行政、立法、司法三權於一身，又兼任臺灣省警備總司
令，此種特殊的專制體制，直與日據時期的總督制無
異。此後由於接收過程充斥貪汙腐化、行政缺乏效率以
及臺人與外省人在政治權力分配上的差別待遇等，已在
當時社會埋下隱憂。

其次，在經濟方面，為支應大陸剿共戰爭的需要，
行政長官公署對臺灣厲行財貨徵收，造成通貨膨脹、物
價飛漲。又將日人資產收歸國有，並設置專賣局和貿易
局，壟斷各項經濟資源。民間企業面臨空前壓力。加以
失業者眾，生活困苦，自然引發人民的不滿情緒。

此外，臺灣與中國大陸由於長期隔閡與不同的歷史
背景，造成政府與民眾間極大的文化心理差異。臺灣在
日本殖民統治下，雖不免遭受奴役、剝削，惟一般百姓

的生活方式、教育水準以及對公共事務參與的熱情,和現代化進展遲緩的中國大陸已有相當差異。尤其日人的行政效率、官員紀律更與光復初期的政風不可同日而語。隨著臺人對政府當局的絕望,至民國 36 年初,臺灣社會已是山雨欲來風滿樓,官民衝突有一觸即發之勢。

表 8-1 臺北市主要民生日用品價格及上漲情形

種類 ＼ 時間	1946 年 1 月	1947 年 2 月	上漲倍數
大 米(斤)	6.30	32.33	4.13
麵 粉(斤)	12.16	74.50	5.13
豬 肉(斤)	40.00	123.33	2.08
雞 蛋(個)	1.00	9.00	8.00
花生油(斤)	28.00	126.00	4.50
鹽 (斤)	0.75	14.00	17.66
白 糖(斤)	3.50	74.00	20.14
茶 葉(斤)	10.16	106.00	9.43
香 煙(十支)	4.00	8.00	1.00
陰丹布(尺)	20.50	120.00	4.85

(單位:臺幣元)　　　　　　　　(監察院檔案)

陰丹布:用陰丹士林(Indanthrene 藍色化學顏料)染色布

二二八事件

民國 36 年 2 月 27 日下午,專賣局臺北分局查緝員在今延平北路「天馬茶行」附近取締私煙時,以槍柄敲傷煙販林江邁頭部,引起群眾抗議,查緝員開槍,不慎擊斃一人,群情激憤。28 日,民眾遊行請願,要求懲凶、賠償、取消專賣。陳儀反宣布戒嚴,衛兵公然向徒手群眾開槍射擊,致使反政府情緒與省籍衝突更為激烈,終於演成全省性的政治抗爭行動。

　　事件發生後，臺北市各級民意代表組成「二二八事件處理委員會」，各地亦紛紛成立分會。他們由處理事件善後、維持地方治安，進一步提出落實地方自治，擴大任用臺人的政治改革訴求。然而社會的騷亂與「臺人治臺」的自治訴求，卻被政府視為叛亂行為。自 3 月 9 日至 17 日，軍警在全島施行武力鎮壓。接著，警總又展開清鄉工作。此一連串的措施，造成嚴重的人命傷亡與財物損失，整個臺灣社會也留下難以磨滅的歷史創痕。後來政府取消臺灣行政長官公署制，改設臺灣省政府，臺灣局勢始漸趨穩定。

圖 8-5　民國 84 年，李登輝總統參加臺北公園二二八紀念碑落成典禮，並向受難者家屬公開道歉。

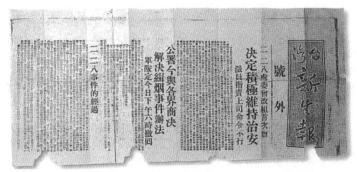

圖 8-6　《臺灣新生報》民國 36 年 3 月 3 日的號外

圖 8-7 民國 39 年 3 月 1 日，蔣中正總統復行視察，民眾擁護的
　　　　遊行盛況。

● 政府遷臺

3 7 年 12 月，陳誠擔任臺灣省主席。為穩定政局、
維護臺海安全，自 38 年 4 月起，開始實施一連串
的改革與應變措施。包括三七五減租、臺灣地區戒嚴、
幣制改革；對於大陸來臺的部隊，則重新整編。因而強
化了政府對臺灣社會、政治、經濟、軍事秩序的控制，
亦為中央政府的遷臺奠定了基礎。

　　民國 39 年 3 月 1 日，蔣中正總統復職視事，決心重
整國民黨，以達成光復大陸、重建三民主義新中國的目
標。他的施政方針是：在軍事上，鞏固臺灣為基地，光
復大陸；在國際上，先求自力更生，再聯合民主國家共
同反共；在經濟上，提倡儉約，獎勵生產，推行民生主
義；在政治上，厲行法治，並進行黨政的改造，以化解
危機。

國民黨與政府的改造

早在民國 36 年 6 月，蔣中正鑑於黨政日趨腐化，已有改造國民黨之議，大陸淪陷後，國民黨的改造更是刻不容緩。民國 39 年 8 月，中央改造委員會成立，陸續展開黨的改造工作。民國 41 年 10 月，召開第七次全國代表大會，通過反共抗俄基本論，並修改政綱及工作綱領。這些措施，不僅使國民黨的組織更為嚴密，更為日後國民黨在臺灣的長期統治奠定堅實的基礎。

除黨務改造外，政府還進行了政治改革。此時臺灣雖實施《動員勘亂時期臨時條款》和《戒嚴法》，但形式上仍維持憲政體制。在中央，國民大會暨五院的架構，一仍其舊；在地方，為因應光復後的民主潮流和地方自治的要求，民國 39 年 4 月，公布了《臺灣省各縣市實施地方自治綱要》，並陸續舉辦地方公職人員及各級民意代表選舉。地方自治的推行，為中華民國政府對臺灣的統治建立了憲政的機制。

……本黨是從大陸剿匪失敗撤退臺灣，在風雨飄搖，顛沛流離之中，在重新改造之後，才舉行這次全國代表大會。大家一定會感想到，我們當時撤退的情勢，如何為奸匪所侮辱，如何為世人所鄙棄。本黨所領受的教訓，和所遭遇的環境，又是如何惡劣，如何恥辱，凡是稍有志節的革命黨員，絕沒有不痛悔警覺，發憤自強，立志雪恥，以期補過贖罪，來安慰我們總理及革命先烈在天之靈的。

民國 41 年，蔣總統在中國國民黨第七次全國代表大會中致詞，要求黨員同志發憤自強，立志雪恥。

圖 8-8　民國 39 年 8 月，中國國民黨中央改造委員會成立，委員宣誓就職，中為陳誠。

　　隨著軍事的挫敗與大陸的淪陷，中華民國在國際社會一度陷入孤立。其後，為擺脫外交困境，積極以「反共抗俄」為基本政策，爭取國際的同情與支持。民國38年 10 月，美國承認中華民國為中國唯一的合法政府。次年 6 月，韓戰爆發，美國更恢復對中華民國的政治、經濟和軍事援助。此後 20 年，不僅中華民國在聯合國的席位得以鞏固，穩定的外在條件，更為臺灣的現代化建設提供了有利的環境。

問題與討論

一、分析說明清末以來，中國國勢的強弱安危與臺灣的關
　　係。

二、光復之初，臺灣同胞對政府原寄以極高的期待，何以
　　在一年以後，反而充滿失望與悲憤？

三、政府遷臺初期，為了化危機為轉機，有那些穩定時局
　　的具體措施？成效如何？

四、在國共鬥爭期間曾陷於外交孤立的國民政府，在播遷
　　來臺之後，國際關係有了那些實質的改善？

第二節 民主憲政的發展

● 寧靜革命

戰後臺灣政治歷經各種變化，其中最引人注目的成就，就是落實政治民主化。

　　光復以來，由於教育普及，民智日開，經濟快速發展，因而中產階級普遍要求落實民主憲政。民國 60 年代初期，「黨外」勢力逐漸興起，開始對舊體制進行挑戰；加上世界第三波民主化的浪潮波及東亞，中國國民黨內的開明人士，衡量內外情勢，決心走上民主改革之路。朝野經過二十餘年的奮鬥，當前臺灣的政治，已由戒嚴時期的威權統治，歷經「本土化」、「自由化」和「民主化」三階段的發展，而走上民主開放的新體制。

　　臺灣的民主化過程，雖有類似「革命」的政治結構變遷，但卻能以體制內的「改革」為手段，在平順安寧中達成民主憲政的理想，故時人稱之為「寧靜革命」。

● 黨國威權體制的形成

訓政時期，中國國民黨實施「以黨訓政」、「以黨治國」，造成「一黨專政」之局。民國 36 年行憲之後，原有機會落實《憲法》，貫徹民主。不意國共鬥爭，情勢逆轉政府遷臺，兩岸形成長期對抗局面，致使臺灣一直處於「非常時期」，民主憲政進展困難。

　　臺灣民主憲政最大的阻力，來自《戒嚴法》和《動員戡亂時期臨時條款》民國 38 年 5 月 20 日，大陸情勢

惡化，臺灣實施戒嚴，從此人民的入出境、出版、集
會、結社、言論等基本人權，長期受到限制。民國37年
5月，國民大會通過的《動員戡亂時期臨時條款》，原
已賦與總統緊急處分權；遷臺之後，又經數次修訂，使
總統不受連任一次之限制。加上中國國民黨「改造」的
結果，黨領導人擁有黨政的最後決策權，因而種下「強
人政治」的因子。在與軍隊的關係方面，為了加強黨在
軍中的組織活動，恢復「政戰制度」，充分發揮「以黨
治軍」的效果。在與社會的關係方面，透過土地改革，
博取農民支持；吸收本土黨員，擴大社會基礎；發展黨
團組織，控制民間社團；加強安全系統，壓制反對勢
力；操控地方派系，掌握各級選舉。凡此，大大提升了
中國國民黨穿透和掌控民間社會的能力；但也因此形成
「以黨領政」、「黨國一體」、「黨軍一體」的「黨國
體制」。此一體制，雖不免集權專斷，有違民主體制，
但不若共產國家「極權主義」的專制殘暴，學界稱之為
「黨國威權體制」。

● 蔣經國時代的政治本土化

遷臺初期，臺海局勢緊張，人民政治參與空間縮小。
不但中央民代改選凍結，自治僅限地方基層，社會
也一直處在「白色恐怖」陰影之下。然而，臺灣社會的
民主呼聲未嘗稍歇，先有《自由中國》雜誌的鼓吹民主
憲政，以及雷震諸人籌組中國民主黨的反對黨[1]；繼之，
又有《文星》雜誌的宣揚自由民主理念，惟均受制於威
權體制而未有顯著成果。

---

[1]雷震在民國40年代後期，嘗試與李萬居、高玉樹等臺灣政治菁英結
合的民主運動，因為被控叛亂判刑10年，導致中國民主黨未能順利
組黨，對臺灣的政治民主化產生關鍵性影響。

　　民國60年代，因美國在東亞戰略改變，企圖聯合中共對付蘇聯，以致臺灣的外交橫逆接踵而來。民國 60年，聯合國接納中共排除我國。民國67年，中美斷交，臺灣外交愈為孤立，國家陷入空前危機之中。同時，中產階級與「黨外」勢力的崛起，也普遍要求政治參與，改革威權體制。一批社會菁英，即以《大學》雜誌為陣地，開始議論「國是」，倡言政治革新，並觸及政治體制和法統問題。

圖 8-9　蔣經國時代：民國 62 年蔣經國於行政院長任內提出十大建設，迅速帶動臺灣的經濟成長，人民的生活大幅改善。民國 67 年接替嚴家淦出任總統後，大量提拔臺籍菁英，使國民黨在臺生根。其後又解除戒嚴、黨禁、報禁，開放大陸探親，奠定臺灣政治民主化的基礎。

　　在內外交逼之下，中國國民黨為了鞏固政權，勢需進一步尋求社會支持。民國61年5月，蔣經國出任行政院長，臺灣進入「蔣經國時代」，隨即展開一系列「革新保臺」措施。其中，在「政治本土化」政策之下，大量提拔本土菁英，擴大其政治參與機會，不僅閣員人數增加，重要部會首長，也開始由本土人士擔任。如臺灣省主席和臺北市長均改用臺籍人士；具決策權力的中國

國民黨中常委，臺籍菁英的比例也隨之增加。另一方面，又修改《臨時條款》，定期改選增額中央民代，以擴增本土菁英比重，滿足政治參與之需求。

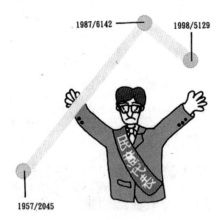

1987/6142　　1998/5129

1957/2045

圖8-10　近40年（1957～1998）來，臺灣地區民意代表增加為2.5倍：民意代表（人）
（資料來源：中華民國經社觀察表／行政院主計處）

● 黨外勢力的崛起與政治自由化

隨著地方和中央的選舉不斷舉行，「黨外」勢力也逐漸崛起。民國68年12月10日，以美麗島雜誌社為核心的「黨外」勢力，為紀念世界人權日，於高雄市舉行群眾大會，要求解嚴和開放言論、結社自由，爆發了嚴重的警民衝突，「黨外」人士有多人被捕判刑，是為「美麗島事件」。此一事件，使國內外希望中國國民黨進一步走向民主開放的聲音紛起；而「黨外」勢力也未因一時打擊而消沈，反而日趨壯大，在往後的選舉中仍多所斬獲。

民國70年代，臺灣先後爆發了林義雄宅血案、陳文成案、江南案和十信案，政治氣氛低迷。蔣經國乃自民國75

圖 8-11　美麗島事件：民國 68 年 12 月 10 日，美麗島雜誌社人員
　　　　　率領群眾在高雄舉行示威進行，最後與憲警發生激烈衝
　　　　　突，導致多人受傷。

圖 8-12　民國 76 年 5 月 19 日，衝破黨禁限制組成「民進黨」的
　　　　　人士，率領群眾到國父紀念館舉行示威活動，要求解除
　　　　　戒嚴。

年起展開一連串「政治自由化」措施②，提出六大政治

―――――――――
② 所謂「政治自由化」措施，共包括充實地方民代機關、地方自治法治
　化、制定國家安全法令、民間團體組織許可制度、強化社會治安和黨
　務革新等六大政治改革議題。

圖 8-13　民國 77 年行憲紀念日，民進黨前往中山堂要求國會全面改選。

議題作為革新的序幕。是年 9 月，「黨外」人士突破黨禁，先行組織「民主進步黨」，當局並未取締。民國 76 年，臺灣解嚴，開放黨禁，長達 38 年的戒嚴時期宣告落幕。同時，基於人道，也開放國人前往大陸探親。至此，臺灣的政治自由化，已奠下了良好的基礎。

● 李登輝時代的政治民主化

蔣經國晚年積極推動民主憲政改革，卻不幸於民國 77 年 1 月 13 日溘然而逝。是時，民主進步黨的抗爭和一般社會運動，仍處於星火燎原之勢，政治應興應革之事千頭萬緒。所幸副總統李登輝接任總統和國民黨主席，並於民國 79 年 3 月正式獲選為第八任總統，堅持改革之路，進一步推動「政治民主化」措施。

　　民國 79 年 2 月，資深國大代表利用選舉總統之際，修正《臨時條款》以擴大國代職權，導致大專院校學生發起戰後最大規模的「三月學運」。學生提出「解散國

民大會、廢除《臨時條款》、召開國是會議，擬定政經
改革時間表」等四大訴求。經李登輝總統善意回應，從
此開啟另一波民主改革的高潮。

圖 8-14 政權能夠和平轉移，是臺灣民主憲政進步的重要因素。
圖為民國 79 年李登輝先生宣誓就任中華民國第八任總
統，臺灣進入李登輝時代。

圖 8-15 民國 85 年，中華民國舉行中國人五千年來首次總統直
選，全民為之沸騰。圖為以 54% 選票得勝的國民黨候選
人李登輝與連戰。（陳穎玫攝）

圖 8-16　民國 87 年臺北市長選舉，舉辦跨世紀的辯論，建立了民主的新風範。圖為辯論會開始前候選人先禮後兵，並結合電子媒體及網際網路，全球同步直播。

　　由各黨派和社會賢達參加的「國是會議」，於民國79 年 6 月召開。會中取得終止「動員戡亂時期」、廢止《動員戡亂時期臨時條款》和修訂《憲法》的共識。民國 80 年 4 月，國大臨時會完成修憲，廢除《動員戡亂時期臨時條款》，宣告終止「動員戡亂時期」。12 月，第一屆資深民代全部退職，第二屆國代和立委亦進行改選。民國 83 年，省長和院轄市長改為民選，落實地方自治法制化。民國 85 年，總統亦改為公民直選，擴大人民的政治參與。臺灣的民主政治體制，於焉大體確立。

問題與討論

一、為何說臺灣民主化的過程是「寧靜革命」？請舉例說明。

二、黨國威權體制如何形成？你喜歡生活在這種體制下嗎？為什麼？

三、一個生活在民國 80 年代的老先生，比起他在 50 年代年輕的時候，可以享有那些更多的自由？

第三節　經濟的成就

● 經濟奇蹟的開創

臺灣地狹人稠，天然資源貧乏。政府遷臺以後，沉重的國防及行政支出，頗不利於經濟的發展。但五十年來，在政府適當的領導和國人辛勤經營配合之下，終於獲得輝煌的成就。

經濟的發展，使臺灣成功的由農業社會轉型為工業社會。無論是生產總值或就業人口，服務業及工業的成長均遠超過農業，且差距仍不斷在擴大。從民國 50 年至 77 年，經濟的年平均成長率高達 9.3%，其後雖然趨緩，但民國 78 年至 83 年之間，仍維持 6.8%的年平均成長率。因此，平均國民所得逐年增加，民國 47 年時僅有 167 美元，到了民國 82 年已突破萬元大關，達到 10,556 美元。其中，最值得稱道的是，臺灣的經濟發展不僅成長快速、貿易繁榮、外匯存底龐大，而且物價相對持平，失業率極低，所得分配亦較其他發展中國家平均，故世人每以「經濟奇蹟」響之。

當年中央政府帶著二百萬人來臺灣，剛好填補日本撤退後臺灣的空虛。這二百萬人大多水準很高，其中更有一大群菁英分子，像李國鼎、尹仲容、資源委員會的工程師等，共同成為臺灣早期迅速發展最主要的人力資源。

民國 87 年 6 月，《天下雜誌》發表「走過從前回到未來」的報告，強調大陸人才對戰後初期臺灣的經濟發展貢獻卓著。

● 經濟發展卓有成效的因素

戰後臺灣經濟發展卓然有成，主要原因有三：㈠承襲日本殖民統治的遺產：日治時代已粗具規模的現代化組織管理、基礎設施、公私企業和人力資源，均為戰後的臺灣社會所承襲，成為發展經濟的重要基礎。㈡美國的援助：民國 40 年至 56 年間，美國軍援共約 24.8 億

美元，經援約達 14.3 億美元。對平衡臺灣財政赤字、穩
定貨幣金融、促進農工建設，助益甚大。㈢政府的正確
領導：除了維持長期的政治社會安定外，更制定合宜的
經濟政策、健全的技術官僚任用制度，充分發揮領導與
管理的效能。此外，大陸部分資金和人才隨政府遷臺；
臺灣民間社會風尚一向具有濃厚的經濟取向，且積極進
取，克勤克儉等，也都是促進經濟發展的重要因素。

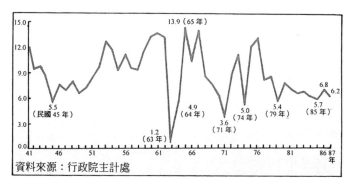

圖 8-17　民國 41～87 年臺灣經濟成長趨勢圖（圖中的小數點代表
　　　　成長率）

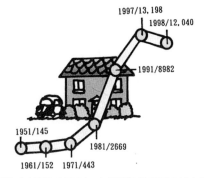

圖 8-18　近 50 年（1951-1998）來臺灣地區國民財富的增加：平均
　　　　國民所得（GNP／人／美元）

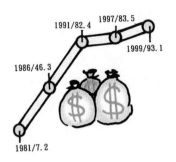

1997/83.5
1991/82.4
1999/93.1
1986/46.3
1981/7.2

圖 8-19　臺灣的外匯存底一路攀高（單元：10 億美元）

● 經濟發展的過程

戰後臺灣的經濟發展，大略可分為五個階段：

（一）經濟重整時期（民國 34～42 年）：戰後臺灣經濟混亂，百業蕭條，通貨膨脹嚴重；加上民國 38 年政府遷臺，一百多萬大陸人口隨之湧入，無異雪上加霜。為穩定金融秩序，政府首先實施幣制改革，以新臺幣替換舊臺幣，開源節流以平衡財政。至民國 42 年，初步遏阻惡性通貨膨脹，物價漸趨平穩。其間，並依次進行「三七五減租」、「公地放領」和「耕者有其田」等土地改革措施。因而強化了農民對政府的向心力，同時促使地主轉而將資金投向工商業。在工業方面，以發展肥料、電力和紡織業為主要目標。至民國 41 年，終於達到戰前最高生產水準，並為日後發展奠定穩固的基礎。

（二）進口替代時期（民國 42～49 年）：此一階段，政府本著「以農業培養工業，以工業發展農業」的原則，利用高關稅、進口配額和多重匯率等方法，發展勞力密集型工業，以取代進口，故稱之為「進口替代」。配合此一策略，政府自民國 42 年起，也依序推動第一、二期四年經濟建設計畫。結果，臺灣的紡織、塑膠、人造

纖維等工業得以迅速成長。同時，促使私營企業蓬勃發
展，漸能與早期一枝獨秀的公營企業分庭抗禮。

圖 8-20　政府接收日治時期遺留的製糖事業，使民國40、50年代
　　　　的臺灣，能以「蔗糖王國」聞名全球。（鄭桑溪攝）

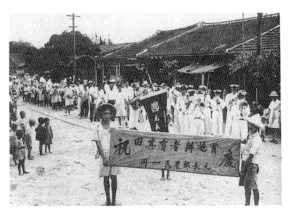

圖 8-21　民國 42 年，打著赤腳的純樸村民高舉「慶祝耕者有其
　　　　田」布條，在村裡宣導遊行。

圖 8-22　臺北木柵線捷運於民國 85 年通車是臺灣現代化的一個里程碑，可以看出臺灣經濟發達的雄厚實力。（邱瑞金攝）

㈢出口擴張與經濟起飛時期（民國 49～62 年）：由於發展進口替代工業，國內市場已趨於飽和；另一方面，美援減縮進而停止，也刺激臺灣擴大出口。政府即在「以貿易促進成長，以成長拓展貿易」的策略下，獎勵投資，發展勞力密集型工業，拓展國外市場。自民國 54 年起，又大量引進外資，陸續在高雄、臺中等地建立加工出口區，利用臺灣豐沛的勞力進行加工、出口，賺取外匯，從此臺灣經濟進入「起飛」階段。至民國 62 年，工業總產值已超越農業部門，從民國 51 年至 60 年的十年間，國民生產總值年平均增長率高達 10.24%，出口品也轉以工業產品為主。整體經濟成長率，在亞洲僅次於日本和香港。

㈣經濟調整與第二次進口替代時期（民國 62～68 年）：民國 60 年代，臺灣經濟面臨諸多橫逆，包括外交逆境所帶來的投資意願低落、兩次石油危機的衝擊和經濟快速成長而基礎設施不足等問題。因此，政府依據「調整經濟結構，促進產業升級」的原則，發展重化工業，推動第二次的進口替代及出口擴張。同時，也注重

交通運輸、電力等基礎設施之投資。因而積極推動「十大建設」和「十二項建設」,以大型公共投資帶動景氣復甦。由於因應得當,得以安然度過兩次石油危機。雖然經濟增長速度時高時低,波動不定,但整體而言,仍保持向上發展的趨勢。

圖 8-23 十大建設之一的中國造船廠

(五)自由化、國際化、制度化時期(民國68年〜):此期的臺灣經濟,朝向資本、技術密集的高科技工業發展,並以自由化、國際化、制度化為遵循原則。為了實現工業升級,特別設置「新竹科學工業園區」,積極促進機械、電子資訊、生物工程和材料科技等策略性工業的發展。在自由化和國際化方面,陸續設立境外金融中心、開放外國法人投資股票市場、匯率自由化、公營企業民營化等。促使臺灣經濟出現新的風貌,諸如轉向由內需所帶動的中速增長;服務業開始成為主導產業;資本、技術密集產業成為製造業的主力;出口市場多元化,貿易重點移向亞太地區等。此一階段的經濟轉型雖然艱辛,但截至目前,已獲致許多令人讚賞的成就。

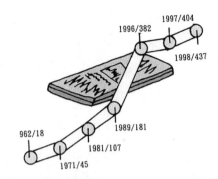

圖 8-24　股市蓬勃：上市公司家數（家）

圖 8-25　「九二一集集大地震」造成的大停電，使新竹科學園區損失慘重，也連帶使得全球資訊業為之震動，臺灣在個人電腦及晶圓製造上的重要性，不容忽視。圖為資訊產業的無塵工廠一景。（邱瑞金攝）

問題與討論

一、臺灣經濟奇蹟的實質內容是什麼？

二、戰後臺灣經濟發展卓然有成的因素有那些？這些因素
　　目前是否依然存在？

三、走過從前，我們創造了令人欣羨的經濟成就；展望未
　　來，我們應如何承先啟後，開創經濟發展的新遠景？

第九章

臺灣社會文化的變遷

　　民國 38 年，國民政府播遷來臺之際，所面臨的是飽受戰火蹂躪的殘破景象。經過全民 50 年來胼手胝足的努力建設，已在這個三萬六千平方公里，天然資源極為匱乏的島嶼上，開創了舉世聞名的臺灣奇蹟。這種成就，並非單純的推動民主憲政或經濟發展所能倖致；更非建立在連串的幸運與偶然上。因為無論從教育的推展、社會的轉變或文化的演進各方面。我們都可以發現臺灣過去 50 年來，從傳統到現代、從落後到進步、從貧乏到富足的變遷現象。而回顧這些歷史變遷的軌跡，更可堅定我們展望未來的信心與毅力。

第一節　教育的推展

● 教育成就是臺灣進步的基礎

　　教育是立國的根本，也是建國的基礎。教育的成敗，攸關國家的強弱、民族的興衰、文化的絕續。所以文明國家無不以推展教育作為鞏固邦基、建設國家的重要手段，視教育為民族繼往開來的神聖事業。

　　臺灣近數十年來，從光復初期的百廢待舉，到今天的繁榮進步，其間最重要的動力，是擁有高品質的人力資源。由於政府根據憲法基本國策、民族傳統文化、國家經濟發展需要，以及社會變遷的趨勢，制定了相關的教育政策，並投下龐大的經費，進行師資素質的提升與教學環境的改善，乃能培育出無數優秀的人才，適時提供各項建設所需的人力資源。因而得以創造舉世稱譽的「臺灣經驗」。

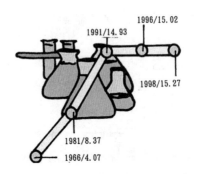

1996/15.02
1991/14.93
1998/15.27
1981/8.37
1966/4.07

圖 9-1　臺灣教育經費比例的增加：教科文支出占中央總歲出比例（％）

● 國民教育的普及

國民教育是國家給予人民的基本教育，其良窳關係著國民的素質和社會的發展，可說是向下紮根的工作。所以數十年來的國民教育，主要的目標即在培育德、智、體、群、美五育均衡發展的健全國民。其具體的政策是，一方面落實教學正常化，均衡城鄉教育發展，以達成教育均等的理想；另方面則加強生活教育、道德教育與民主法治教育，以培育優秀的下一代。

　　自民國40年代起，臺灣的國民教育就學率之高，即

足以媲美先進國家。惟因初級中學數量不足，致國民小學的升學競爭極為激烈，惡性補習之風盛行，嚴重殘害兒童的身心健康。教育部雖自民國 44 年起推動「一鄉鎮一初中」政策，但仍無法滿足升學需求。直至蔣中正總統決定自 57 學年度起，延長國民教育年限為 9 年，國民小學的升學管道始暢行無阻。

　　然而，隨著國中學校與學生數量的增加，國中升學競爭的壓力也日趨激烈。為根本解決國民教育問題，近年來教育當局致力規劃高中及技職教育體系，暢通國中升學管道，並配合降低班級學生人數、提高師資素質、改進教學設施等措施，以期促進國民教育的整體發展。

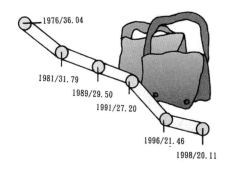

1976/36.04
1981/31.79
1989/29.50
1991/27.20
1996/21.46
1998/20.11

圖 9-2　師生比例逐年降低：國小老師平均教導學生數（人）

● 高中教育的發展

高中教育是升學大專院校的階梯準備階段，以繼續實施普通教育、培養健全公民、促進生涯發展、奠定研究學術及學習專門知能之基礎為目的。故課程安排，側重基礎學科之專精修習。

　　政府遷臺以來，由於經濟型態的轉變，社會環境不斷變遷，學制亦隨之更張，導致高中教育在學校組合型

態及就學人數比重上，均有所變動。民國 56 年以前，專設的高級中學甚少①，一般均為高初中合併設置。迨至九年國教實施後，初中教育改隸國教範疇，原有的高初中合設學校，則多改為專設的高中。其後因為經建發展的人力需求，部分高級中學改制為職業學校，或附設職業類科，使高級中學的組合型態，更趨向多元化發展。同時，由於職業類科的發展，高中、高職學生的人數比重亦隨之調整②。

圖 9-3　民國 83 年的「410 教改」大遊行，為全面教育改革打響了第一砲。（張良綱攝）

　　中學教育的學制向採「三三制」，在課程編排上採同心圓的「雙重圓周制」，以致國、高中教材頗多重複；且國、高中分別設立，銜接上也有所不便。近年

①專設的高中僅收高中學生，民國 45～49 年間僅設一所，其後雖有增設，至 56 學年度時，亦僅有 19 所。

②民國 39 年度的高中與高職學生人數比重為約 63：37；49 年約為 56：44；71 年度已轉變為 32：68，此後大體上即維持此種比重。

來，教育當局有鑑於此，同時兼顧未來國教的延長、均衡城鄉教育的發展，以及促進國中教學的正常化，已逐漸研擬一貫的課程，並擴大設置綜合高中及完全中學，以期提升中等教育的品質。

● 技職教育的發展

在日治時期，由於日本殖民政府對臺灣產業開發的重視，職業教育已有相當的基礎。光復後，在原有的基礎上，改設三三制的初級及高級職業學校，學校與學生數均大量增加。職業教育的快速發展，對於勞動參與率的提高、人力素質的改良、產業振興的促進，以及民國 60 年代以後臺灣經濟的發展，都有非常重要的影響。

　　自日治時代以來，臺灣的職業教育，在層次上即不如普通教育。一般學生的升學選擇都以普通中學為第一優先，退而求其次才就讀職業學校。雖經政府大力充實職業學校的設備水準，仍無法扭轉世俗的觀念。這種現象，與職業教育在目標上側重基層人力的培養，而世俗觀念又囿於士為四民之首的偏見有關。

　　隨著國民經濟與生活水準的提高，職校畢業生進修升學的意願日漸增加。政府雖不斷努力調整課程與學科，期使職校所學能與社會需要相結合。但學生畢業後立即就業的願望仍不高，升學的意願有增無減。加上工商社會愈進步，對人力素質的要求也愈高，教育部為因應實際需要，乃有廣設專科學校，重點加強技術學院及科技大學的計劃。

高等教育的發展

光復初期，臺灣的高等教育機構僅有四所③，所設系科亦不多。自民國43年起，政府力求高等教育的發展，先後核准政治、清華、交通等國立大學在臺復校；並鼓勵民間捐資興學，於是東海、中原、高雄醫學院等私立大學院校相繼設立。其後，由於社會經濟繁榮，人口不斷增加，除原有大專院校逐年擴充或升格外，教育部又陸續核准增設許多公私立大專院校，使高等教育機構的數量與種類，都有可觀的成長。

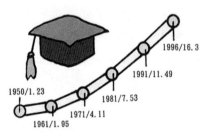

1950/1.23　1961/1.95　1971/4.11　1981/7.53　1991/11.49　1996/16.3

圖 9-4　大專以上教育程度的人口：占 6 歲以上人口的比例（％）

　　日治時期的高等教育，是殖民政治及經濟利益的附屬工具，所以入學機會有階級性的限制，師資延聘也有種族性的歧視，課程內容偏於實用性。光復以來，高等教育已擺脫殖民地心態，堅持教學、研究與社會服務並重的教育使命，故能兼顧通才與專業教育，實施方式也趨向多元化。公私立大學為配合國家整體建設需要，也紛紛設立研究所，並相繼成立博士班，充分顯示高等教育的發展，已趨向品質的提升與學術研究的獨立。

---

③此四所高等教育學府即：國立臺灣大學、省立師範學院（今國立臺灣師範大學）、省立工學院（今國立成功大學）、省立農學院（今國立中興大學）。

● 社會教育的推展

在學校教育之外，對啟迪民智、培育人才，也能發揮積極功效的，首推社會教育。清末民初的平民教育運動、日治時期的國（日）語講習所等均屬之。政府遷臺後，為達成統一的目標，對社會教育更為重視。尤其強調其「轉移社會風氣」的功能，因而工作的重點，首在文化的改造與社會的重建上。

圖 9-5　臺北市社區大學在溫州公園辦活動：近年各縣市紛紛設立社區大學，不僅讓民眾有終身學習管道，也鼓勵民眾將關懷重心轉向自己所處的社區。（邱瑞金攝）

　　為了順應社會變遷與世界發展的趨勢，當前的社會教育宗旨迭經修正，始確立以「全民教育」及「終身教育」為目標。民國 66 年政府推行 12 項建設，特別宣示加入文化建設，規定每一縣市建立包括圖書館、博物館和音樂廳的文化中心，以為當地民眾從事文教活動場所；使國民精神生活與物質生活並進，城鄉發展得以均衡。近年來，各級政府除積極推動興建公立社教機構

外，並鼓勵民間人士參與規畫，相繼創辦長青學院、社區大學等機構，使社會教育朝向更多元化、現代化的方向發展。

問題與討論

一、光復以來將近五十年的教育發展，與舉世稱譽的「臺灣經驗」有何關係？試評析之。

二、就高等教育的發展而言，日治時期和光復以後有何不同？

三、一個從職場上退休下來的人，如果想要實踐「全民教育」、「終身學習」的理想，他可以善用那些公共資源以完成心願？請提供你生活環境中最值得介紹的社教機構給他，內容必須詳述該機構的業務概況。

第二節　社會的變遷

● 人口的組成

近五十年來，臺灣從落後的農業經濟，快速發展成新興的工業化社會，人口組成的結構也隨之產生變化。首先是人口的激增④，加上地形崎嶇多山，使人口大都集中在全島面積約四分之一的平地上，造成極大的人口壓力。從民國 40 年代至 70 年代中期止，隨著社會經濟的發展、家庭計畫的推廣，以及死亡率的下降，臺灣經歷了一個人口轉型的過程，亦即生育率從極高滑落到極低⑤。影響所及，改變了臺灣地區人口的年齡組成結構；65 歲以上老年人口比例不斷增加，15 歲以下青少年及兒童人口比例持續減少。因此，臺灣即將面對先進國家所遭遇的人口老化問題。

從人口的地理分布及其變化趨勢來看，乙未割臺時，臺灣尚無超過 5 萬人口的都市；至民國 78 年時，人口超過 5 萬的鄉市鎮已有 86 個；都市人口比例高達 75%。可知，臺灣地區都市化發展的快速。不過，臺灣的都市化型態和其他國家不同，由於政府推動「分散型的工業化」政策，使各式各樣的工廠分散在許多中小型市鎮乃

---

④據行政院主計處統計資料顯示，民國 79 年中華民國臺灣地區社會指標統計資料顯示，民國 41 年時臺灣地區總人口大約是 8,128,000 人，到民國 87 年底為止，已超 22,000,000 人，增加了將近兩倍半的人口。

⑤據統計顯示，人口的自然增加率從民國 40 年代初期每年千分之 36 左右，逐漸降低到民國 70 年代末期的千分之 11 上下。人口成長速率的減緩，主要來自於出生率的下降。臺灣地區的人口出生率，從 40 年代初期的千分之 45 左右，逐漸降到民國 70 年末期的千分之 16 上下。

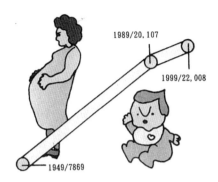

1989/20,107

1999/22,008

1949/7869

圖 9-6　近 40 年（1949～1989）來，臺灣人口增加 32.8 倍：人口數（千人）

圖 9-7　臺灣的家庭計畫實施成果為世人所稱頌，圖為民國 39 年，家庭計畫講師到農村門口向婦女講解情景。

至鄉間，而非集中在一兩個大都市。因此，當工業發展吸引大量農業人口就業時，人口的流動不是集中於一兩個大都市，而是比較均勻的往中小型的市鎮移動⑥；連帶促進了中小型市鎮的成長。

⑥臺灣人口密度高，交通設施便捷，將工廠設在中小型市鎮或鄉村地區，並不致於造成勞工召募和運輸成本上的困擾，反而可以節省工資和土地成本。因此，在政府推動中小企業發展政策的配合下，使臺灣地區的工業化呈現出地理上的分散型態。

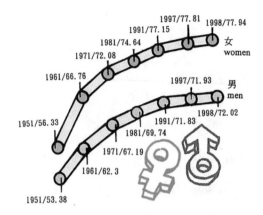

圖 9-8　近 50 年（1951～1998）來，臺灣地區人口平均壽命普遍提高，而且女性平均壽命高於男性（歲）。

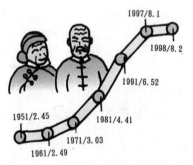

圖 9-9　高齡化社會的來臨：65 歲以上老人占總人口比例（％）

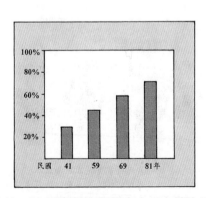

圖 9-10　民國 41～81 年臺灣地區都市人口占總人口百分比變遷圖（資料來源：內政部統計處）

● 家庭組織

臺灣經濟的發展、教育的普及和人口的轉型,對於一般家庭組織,也造成了相當程度的變化;尤其在家庭結構和夫妻關係方面。所謂家庭結構,是指家庭成員的居住型態和人數多寡,通常分成核心家庭、折衷家庭及聯合家庭三種類型⑦。而光復以來,臺灣地區的家庭結構,已呈現出折衷、聯合家庭逐漸減少,核心家庭日益增加的現象。

造成臺灣地區核心家庭漸增的原因,主要是經濟高度發展和社會現代化所促成。在工業化和都市化的影響下,社會組織日益分化,家庭原有的許多功能被其他社會制度取代。都市中比較狹窄的生活空間,也不利於大家庭的居住型態,小家庭乃應運而生。同時,教育程度的全面提高、生育率的普遍下降、職業的流動性增加,以及個人生活方式的改變等,這些「現代化」的因素,對於臺灣家庭居住型態的轉變,也都有重要的影響⑧。面對老年父母獨居及核心家庭漸增的趨勢,政府勢須未雨綢繆,設法處理「養老」的社會問題,以及相關社會福利支出的壓力。

其次,夫妻關係由「夫權」趨向「平權」,也是家

----

⑦所謂核心家庭,又稱夫婦家庭,是由一對已婚夫婦或已婚夫婦及其子女所組成。折衷家庭又稱主幹家庭,是由父母及其子女組成,其中的一個子女已婚或已有子女,這是聯合家庭的一種簡單形式。聯合家庭又稱擴大家庭,是指三代以上同居的形式,包括父母、已婚子女、未婚子女、孫子女等。

⑧有些學者認為,臺灣地區許多核心家庭的形成,是因為父母雙亡、均不在臺灣,或與其他兄弟同居。所以,真正讓父母獨居而形成的核心家庭,在民國62年時大約占總戶數的20%,到了民國69年時小幅度增為25%。換言之,臺灣地區大部分的年老父母,仍與已婚子女共同居住。

庭組織改變的重要特徵之一。由於經濟的快速發展，有
偶婦女勞動參與率明顯上升，使妻子擁有的資源隨之增
加，因而夫妻關係有日趨「平權」之勢。民國 60 年代
以來，臺灣地區的夫妻在家庭決策及家務分工上，已出
現了相當平等的趨勢。未來婦女就業的比例、職業的聲
望和薪俸的所得如能繼續增加，則一般家庭的夫妻關
係，將會朝向更平等的方向發展。

● 職業的分配

從「行業結構」的變遷情形來看⑨，由於工商業的繁
榮，在就業人口中，從事第一類行業（農業）的人
口比例已逐年下降；而從事第二類行業（工業）及第三
類行業（服務業）的人口比例，則逐年上升，反映了社
會工商業的快速發展。其中，民國 62 年時，第二類行
業的從業人口首度超越第一類行業，象徵臺灣已脫離農
業經濟而邁入工業社會。但從民國 77 年起，從事第二
類行業的人口比例出現下降趨勢；而從事第三類行業的
人口，其比例仍繼續上升，顯示服務業的成長超過工業
成長。由於臺灣的產業結構仍未完全擺脫勞力密集的型
態，第二類行業從業人口比例的快速下降，必須妥善防
患，避免導致製造業的萎縮和產業的「空洞化」。

職業分配狀況的變化，連帶也改變了社會階級的結
構。在就業人口中，屬於專門技術性、行政主管、監督
及佐理、買賣及服務人員等五類職業的工作性質，可歸
之為「中產階級」（或稱「白領階級」、「資產階級」）；

⑨所謂行業結構，是將就業人口分成第一類行業（包括農、林、漁、
　牧、狩獵等行業，簡稱農業），第二類行業（包括礦業、製造業、營
　造業、水電燃氣業等，簡稱工業），第三類行業（包括商業、運輸、
　倉儲、通信、金融、保險、個人服務業等行業，簡稱服務業）。

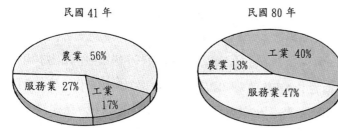

圖 9-11　民國 41～80 年臺灣地區行業結構變遷圖（資料來源：經建會）

從事農林漁牧者可歸之為「農民階級」；而生產運輸和體力工人的工作性質則可歸之為「工人階級」。近五十年來，前五類職業就業人口比例的增加，代表中產或資產階級的擴大；生產運輸和體力工人比例的上升，也意謂工人階級的興起；但農林漁牧人口比例的減少，則意味著農民階級的萎縮。

● 社團組織

社會經濟的發展，新興行業的出現和民間力量的茁壯，促使臺灣地區社團數目及參與人口逐年增加。其中，除政治團體專指政黨，不在本節論述外；其餘職業團體、社會團體的組織與活動⑩，在最近幾年來均呈蓬勃發展之勢。

　　在職業團體方面，比較重要的社團有三種：

---

⑩依現行《人民團體法》規定，職業團體的定義是「以協調同業關係，增進共同利益，促進社會經濟建設為目的，由同一行業之單位、團體或同一職業之從業人員組成之團體」。社會團體的定義是「以推展文化、學術、醫療、衛生、宗教、慈善、體育、聯誼、社會服務或其他以公益為目的，由個人或團體組成之團體」。政治團體的定義是「以共同民主政治理念，協助形成國民政治意志，促進國民政治參與為目的，由中華民國國民組成之團體」。

一、農會：始創於日治時期，初為推廣農業及搜購稻米而設，惟多操於少數地主鄉紳之手。光復後改為一般農民社團，採自由入會、幹部直選制度。晚近因農會信用業務擴大，且對地方深具動員力量，故幹部選舉競爭激烈，常成為地方派系的角力場。

二、工會：工會組織首創於光復以後，但政府基於國家及社會安全考量，以及受文化傳統、企業規模等因素影響，勞工群眾迄未形成強大的社會勢力。近年來，雖然勞資糾紛屢起，勞工聚眾抗議事件也層出不窮，但目前的工會組織並未明顯的政治化，多數的工會仍以爭取會員的經濟利益為主。

三、同業公會：分工業、商業和專業團體三類。工、商業團體各自擁有龐大的社團組織及成員，向來與政黨關係密切。專業團體如律師公會、醫師公會等，因彼此工作性質差異較大，系統各自獨立，活動的自主性也較高。

在社會團體方面，隨著多元化的社會發展和民間力量的日益茁壯，也跟著發展起來。依其性質約可分成五大類：

一、學術文化類：如各種學會、協會或研究會。近年來許多學術界人士在企業界贊助下，成立了以「基金會」或「研究中心」為名的智庫性社團，成為社團發展的新興現象。

二、醫療衛生類：由於生活水準提高，與健康保養有關的社團也日趨活躍。如超覺靜坐、針灸研究學會等。

三、宗教慈善類：宗教團體一直是臺灣慈善事業的主力之一，如世界展望會、慈濟功德會等。近年來經濟趨於繁榮，又增加不少慈善團體，如協助殘障者、顏面受傷者、被火紋身者等的基金會。

四、體育聯誼類：在經濟發展與休閒風氣刺激下，

各種休閒聯誼性社團大量出現，如登山、釣魚、花藝、舞蹈等社團。

　　五、社會服務類：隨著社會運動的興起而成立的社會服務性社團，積極從事社會公益活動，如消費者文教基金會、無住屋者團結組織、董氏基金會等。

圖 9-12　以大愛之心創建「人間佛教、慈悲濟世」的證嚴法師，多年來的聞聲救苦、發心救災、已蜚聲國際。總是藍衫一襲的慈濟人，彰顯著民間的溫暖與活力。（邱瑞金攝）

● 階級流動

　　光復以來，臺灣社會整體階級結構的變動情形，流動的比率大約占五分之三，世襲的比率大約占五分之二。構成流動的主要形式，是工商經濟的發展，造成工人階級擴大，農民階級萎縮，形成所謂「結構性流動」⑪。

---

⑪在開發中國家的社會，工商經濟整體發展的結果，往往擴大了工人階級的人口比例。換言之，原屬農民的人口轉業成為工人，造成工人階級人口大增，而農業人口相對減少的現象。這種因職業轉換所造成的階級流動，稱為「結構性流動」。

但真正能顯示社會流動及開放程度的「循環性流動」⑫，大約占六分之一。所以，臺灣當前社會的各個階級之間，仍有相當的階級藩籬。不過，相較於國際間的水準而言，臺灣仍是世界上，階級隔閡較小，流動性較大的社會。

圖9-13　發動萬人夜宿臺北市忠孝東路的「無住屋者團結組織」，是民國70年代社會力奔放的一個代表團體。（《中國時報》資料照片）

⑫在民主開放的社會中，個人的成就可以決定自己的階級身分，換言之，階級身分是可以隨時轉變的。這種因個人的能力、成就不同而改變階級身分的現象，稱為「循環性流動」。

問題與討論

一、光復以來，五十年間，臺灣地區的人口組成發生了什
　麼變化？對臺灣社會造成什麼影響？

二、光復以來，臺灣社會的家庭組織中，夫妻關係方面的
　最大轉變是什麼？這種轉變，我們應該採取怎樣的態
　度？

三、選擇某一社團，針對它的成立宗旨、內部組織、活動
　內容等方面進行調查、訪談，並給予適當的評鑑。

第三節　文化的演進

◉ 日本文化的清除

戰後臺灣文化的演進，受到各個階段的政府文化政策、工業化、都市化、國際局勢及文化思潮等諸多因素影響，呈現出各種不同的風貌。

　　由於臺灣長期被日本殖民統治，歷經「內地延長主義」、「皇民化」等同化運動，使臺灣的社會文化沾染濃厚的日本色彩。因此，國民政府接收臺灣後，行政長官公署最重要的文化措施，就是清除日本文化和強化中國文化。當時清除日本文化的首要工作，就是掃盡日本語文。其具體的做法，是訂定取締違禁圖書辦法，除保留部分圖書供作參考外，其餘全部查禁焚毀。同時規定一年後日文版的報章雜誌全部撤除，兩年內完成官方語文的更替。

　　隨著行政的接收與改制，日治時期的州郡街庄，均改為縣市鄉鎮；街路地名、學校名稱，也多改用有中國文化或政治意涵的稱呼⑬；民間的生活習俗也施以若干的導正措施，目的即在清除日本殖民統治的文化殘留。此後，更長期限制日本圖書文物、影視音樂的輸入與傳播。

◉ 本土語言的抑制

光復初期，行政長官公署的教育文化政策，特別強調三民主義、民族精神、中國文化的教育。因而成立

---

⑬ 譬如以仁愛、信義、民族、民權、建國、大同等用詞來命名。

國民學校教材編輯委員會⑭，統一編寫國語、歷史、地理等教科書，尤其重視國語教育。除在民國35年4月設立「臺灣省國語推行委員會」，積極推動國語教學外，政府也陸續實施學校、公共場所、傳播媒體禁止使用本土語言的政策。這種定於一尊的國語政策，對於促進族群融合、凝聚國家意志，確能發揮積極效果。但也因而使語言造成社會階層的差異，壓抑了本土文化的發展。

圖 9-14 光復初期，政府推行國語運動，禁止在校園中使用本土語言。

反共文學的推展

民國 38 年政府遷臺後，以反共復國為基本國策。影響所及，普遍興起反共文學、戰鬥文學的創作，以及文化界的除三害（赤、黃、黑）運動。民國39年4月成立的「中華文藝獎金委員會」，即是推動這種文藝創作風格的主力。部分作家為迴避這種趨勢，乃寄情於懷

⑭這是現在國立編譯館的前身。

鄉文學、鴛鴦蝴蝶言情文學，或轉向移植西方文化。此外，各級學校也普遍加強政治、軍事教育，發行戰鬥文藝刊物。民國 45 年成立的國立歷史博物館，主要是作為典藏及展示中華文物的場所，反映了當時文化與政治、軍事具有密切的關聯。

● 歐美文化的傳入

在反共文藝盛行的時代，創刊於民國 38 年的《自由中國》，為當時沈悶的社會，引入了一股歐美自由民主的思想清流，後來因雷震案發[15]，於民國 49 年停刊。民國 46 年 11 月，標榜生活的、文學的、藝術的《文星》創刊，積極傳播西方文化思想，後來引發了中西文化論戰，終因主張全盤西化論而受到批判，於民國 52 年停刊。在文學創作方面則另闢蹊徑，從西方引進現代主義，注重個人內在心理的呈現，形成與臺灣社會脫節的創作風格，代表性的社團雜誌如《現代詩》、《現代文學》等。在繪畫方面，民國 46 年成立的「五月畫會」和「東方畫會」，特別強調現代抽象畫的創作方式。此外，由於韓戰爆發，中美協防關係的建立，連帶使美國式的思想文化、價值觀念，也逐漸傳播並融入臺灣社會。

● 中華文化復興運動的興起

民國 50 年代的臺灣，面對歐美文化的衝擊，固有文化陷於危疑飄搖，勢須強化改造。於是國立故宮博物

---

[15] 雷震為《自由中國》半月刊發行人，民國 49 年初，雷震與李萬居、高玉樹等人積極籌組反對黨「中國民主黨」。是年 9 月 4 日，雷以涉嫌叛亂及《自由中國》之違法言論，在自宅被捕，是為雷震案。

院於民國 55 年正式開館。接著，中共爆發文化大革命，
愈顯中華文化復興的迫切性。民國 56 年 11 月 12 日，中
山樓落成，蔣中正總統宣布國父　孫中山先生誕辰紀念日
為中華文化復興節。翌年，成立中華文化復興運動推行委
員會，進行傳統文化的整理保存、傳播發揚，將傳統文
化與國家建設相結合。同時，配合頒訂「國民生活須
知」、「國民禮儀範例」，作為國民生活的準則，以期
塑造具有傳統文化素養的現代國民。在文化復興運動中，
國語、國學、國畫、國樂、國術等，均受到相當的重視。

圖 9-15　民國 75 年雲門舞集首次發表《我的鄉愁。我的歌》，反
　　　　映了臺灣整體文化界對於鄉土家園的追尋與再思考。

本土文化的關懷與發展

民國 60 年代初期，臺灣面臨保釣運動、退出聯合國、
日本斷交等外交挫敗。行政院長蔣經國乃推動「革
新保臺」政策，重視札根本土的工作。《大學》雜誌成
為當時書生論政的園地，加上世界各地回歸鄉土的尋根
運動蔚為風潮，也引起臺灣社會回歸傳統、關切現實的
文化思潮。於是反映本土意識，蘊涵批判意義的鄉土文

學興起，黃春明、王禎和、楊青矗等人皆為代表。至於以描述在地人事物為中心的報導文學，亦隨之風行，並引發「鄉土文學論戰」。文學回歸鄉土、關懷社會的觀念，遂蔚為潮流。「鹽分地帶文藝營」的開辦，即可視為轉變的指標。至民國 80 年代，臺灣文學已取代了鄉土文學的稱呼。

在回歸鄉土的潮流下，藝術活動也漸受影響。民國60年代興起的校園民歌運動，歌者大多自己創作自己演唱，與淨化歌曲、流行歌曲、西洋歌曲有所不同，對日後的流行音樂也有深刻的影響。舞蹈方面，「雲門舞集」的成立，將傳統文化素材以西洋現代舞蹈形式演出，代表傳統與現代的接觸相融。民國 70 年代起，電影藝術也開始轉變，彰顯人文關懷、反省批判的題材，為臺灣的電影藝術注入了新的血液。

隨著本土文化的活絡茁壯，政府開始編納在地的本土文化為國家文化。民國70年11月成立的「文化建設委員會」，將文化建設涵括在十二大建設之中，於各縣市成立文化中心。翌年，公布《文化資產保護法》，對民間傳統技藝進行調查研究，以瞭解傳統技藝的現況及維護發揚的方法，並自民國 74 年起舉辦民族藝術薪傳獎。此外，依《文化資產保護法》又指定各類國家級以至地方政府級的古蹟，將本土文化納入國家文化的體系。

● 解嚴後的文化發展

民國 76 年，政府解除戒嚴後，久受束縛的社會展現了澎湃的活力。經濟富裕與外貿發展，加速了國際化的腳步，而國人頻繁進出世界各國，也擴大了國際觀的視野。這種轉變，促使當前的文化發展富有前瞻性與開放性。

　　解嚴前後興起的各種社會運動中，也有不少屬於文
化抗爭的訴求。如原住民的正名運動、客家人的母語運
動、十三行文化遺址與核四預定地文化遺址的搶救運動
等，均反映了民間社會對本土文化的認同與維護。

圖 9-16　民國 77 年，客家人上街頭，在臺北舉行「還我客家話」
　　　　大遊行。

　　威權政治的轉型，也促使各地方文化呈現多元的發
展，營造出特有的地域文化風格。如鶯歌陶瓷的故鄉，
三義木雕的世界，玉井的芒果節，阿美族的豐年祭等，
都是典型的代表。同時，臺灣各地方的文史工作室和文
教基金會不斷成立，無數熱心人士投入地方文史的調查
研究，成為關懷鄉土的文化運動。
　　近年來，臺灣史的研究與教學日益受到重視。民國
82 年中央研究院設立「臺灣史研究所籌備處」，86 學年
度起，國中開始教授包括歷史、地理、社會三部分的認
識臺灣課程。本土語言的使用已不再受限；文學創作豐
富又活潑。原屬民間雜劇的歌仔戲、布袋戲也在國家劇
院演出，大眾傳播媒體與流行通俗演藝中的臺灣文化題
材，更日益增加。斯土斯民所創造累積的文化，已成為
臺灣社會的共同資產。

圖 9-17　源自本土的雜劇—歌仔戲，從 1920 年代到臺灣光復初
　　　　　期，曾有過一段黃金時代，其後歷經政治社會的變遷，
　　　　　長期處於生存邊緣的困境，直至近年來本土意識抬頭，
　　　　　始又重獲生機，圖為明華園在國家劇院演出。

圖 9-18　上演中的野臺布袋戲，從擁擠的現象，可知其受歡迎的
　　　　　程度。

問題與討論

一、日本文化曾經被有計畫的加以清除，經過數十年之
　　後，你認為清除的效果如何？你生活的經驗中，是否
　　隨處可以發現日本文化的蹤跡？請舉證說明。

二、從日本文化、中國文化到歐美文化，臺灣成為各種文
　　化薈萃之所。這種現象反映出臺灣是一個什麼型態的
　　社會？這些異質性頗大的世界主流文化，是否會對本
　　土文化的發展造成不利影響？

三、請敘述個人觀賞、表演本土藝文活動的深刻感受；如
　　果尚無類似經驗，請儘速選擇一個項目親身體會，並
　　讓老師同學分享你的心得。

第十章

未來展望
——檢討過去，策勵將來

● 珍惜文化資產，建設文化大國

臺灣的形勢今昔有異，從前臺灣地處海隅，以致為各方所忽略。進入海權時代以來，臺灣因屬西太平洋的戰略要地，遂成為帝國主義者競相攫奪的對象。回顧四百年來的臺灣史，儘管政治上屢受荷、日等外來政權的管轄，文化上也飽經歐風美雨的衝擊，但由於島上居民絕大部分來自大陸，雖有先來後到之別，迄今已融為一體。在當前世界文化交流十分頻繁的情況下，我們應該保留傳統文化的精華，並吸收其他文化的優點，以創造臺灣的新文化，並躋身世界文化大國之林。

半個世紀以來，國人努力奮發，在政治上由威權體制走向民主法治，在經濟上由貧困落後走向富裕繁榮，表現了傲人的「臺灣經驗」。但在文化上，由於思想貧乏，物慾橫流，心靈的創造力受到束縛，不免流於淺薄粗鄙。所以在達成了政治民主、經濟富裕之後，如何致力發展精緻文化，提升生活品質，以建設富而好禮的社

會，是我們當前刻不容緩的急務。

近年來，國人對於臺灣文化的前景，提出本土化和國際化的方向，尤其著力於本土化的發展。所謂「本土化」，就是要充分地認識傳統文化與本土現況，關懷斯土斯民，推陳出新，創造出豐富多彩而且獨具特色的文化。所謂「國際化」，就是將我們的認識與關懷擴大及於全世界、全人類，吸收人類寶貴的文化遺產。在當前科技發達交通便捷的時代，人類早已實現了天涯若比鄰。所以我們不僅要了解，更要能欣賞、尊重不同的文化；不僅要能取人之長，補己之短，更要有國際化的胸襟與視野，才能創新發明，達成建設文化大國的理想。

● 創造兩岸雙贏，華人屹立世界

世事多變，近年來有不少人對國家前途充滿不確定感。統獨之爭是近年來困擾國人的焦點所在，雙方各執立場，不容妥協，以致成為社會的隱憂。為了避免情況繼續惡化，我們必須集思廣益，謹慎從事，以爭取全民利益為優先，創造兩岸雙贏的局面為目標。

從客觀形勢來說，民國38年國民政府播遷臺灣，即已開始形成兩岸分裂分治的現實。直至民國60年，中華民國仍為聯合國常任理事國之一，中共政權尚未得到多數國家承認。但在中共加入聯合國之後，外交形勢逆轉。目前海峽兩岸的兩個政治實體，很難同時獲得國際承認，我國在爭取國際活動空間方面又屢受中共打壓；在雙方各有堅持，缺少互信的情形下，雖有商談，卻僅限於事務性的問題，難有突破性的進展。這種僵局的形成，徒然消耗了雙方可用於發展建設的寶貴時間與精力，殊為可惜。

人類在20世紀經歷了兩次世界大戰及無數的衝突

後，終於覺悟和平共存之可貴。因此各國在發展國力之餘，也都積極參與國際事務，成立區域性或國際性的組織，以解決人類共同的問題。所以無論從歷史傳統的殷鑑，從實際利益的考量，或從世局發展的趨勢來看，全世界的華人均應拋棄歷史的恩怨，以前瞻的眼光，高明的智慧，勇敢地解決半個世紀以來的敵對態勢，才能開創兩岸雙贏，華人永遠屹立世界的新局。

● 建立國家共識，國民全力以赴

國家現代化的目標，不只是在追求經濟的成長而已。臺灣即使創造了「經濟奇蹟」，但也付出了很大的代價。諸如自然環境破壞、國民心靈物化、社會風氣奢靡等。如何維持國家健全而合理的進步，是國人必須普遍建立的共識。

圖 10-1　民國 70 年代初期，歌手侯德建以一曲「龍的傳人」唱出孤臣孽子心聲，並因此風靡華人世界。圖為侯德建赴泰緬邊境探視華僑。（《中國時報》資料照片）

　　在現代化的過程中，先進國家有許多可資參考的寶

貴經驗。我們應根據自己的國情，透過教育來導正社會的價值觀，培養富而好禮，富有人文素養的國民，進而建立公正、祥和的社會。民主政體是世界政治的主流，我們雖已告別威權體制，但仍須擺脫特權、腐化、惡鬥等不合理現象，使民主體制的發展，百尺竿頭，更上一步。在對外關係方面，我們追求國際地位的提高，同時也積極恪盡國際一分子的責任，以爭取國際社會的平等待遇。在追求產業升級、經濟成長之餘，也能兼顧環境保護、愛惜物力和共有分享，以實現永續發展的理想。

　　國家民族的發展是永續的，過去我們的國家民族遭遇許多坎坷與挫折，國民也飽受戰亂流離之苦，但在前人的努力下，已逐漸化危機為轉機，後人有責任承先啟後，為創造更美好的將來而努力。國人應建立共識，同心同德，完成個人、國家乃至民族的使命，不僅要讓「新臺灣人」，更要讓世界的華人在 21 世紀能揚眉吐氣，昂首闊步於世界舞臺之上。

問題與討論

一、李總統在民國87年提出「新臺灣人」的理念，新世紀新希望，你對21世紀的「新臺灣人」有何憧憬？你將如何扮演好作為一個「新臺灣人」的角色？

二、請描述你心目中國家民族的前景，並說明你所持樂觀或悲觀看法的理由。你對個人、國家及世界的理想目標是什麼？你認為如何可以達成這些目標？

附錄㈠

中國歷代大事年表

清（後期 1796～1911）

西元	歷代紀元	政治、軍事、外交	社會、經濟	文化、藝術
1796	仁宗嘉慶元年		川、楚、陝、甘、豫五省白蓮教徒叛變	
1799	仁宗嘉慶4年	乾隆帝崩，嘉慶處死權臣和珅		
1811	仁宗嘉慶16年	臺灣設置噶瑪蘭廳		
1813	仁宗嘉慶18年		天理教徒叛變	
1816	仁宗嘉慶21年	英使阿美士德抵北京，旋被逐回		
1819	仁宗嘉慶24年		禁旗人立漢人為養子	
1821	宣宗道光元年	重申禁煙令，嚴禁販售鴉片		
1830	宣宗道光10年	禁外國「蕃婦」居留廣州		
1831	宣宗道光11年		廣西、江西天地會叛變	
1834	宣宗道光14年	英國任命律勞卑為駐華商務監督		
1837	宣宗道光17年		洪秀全廣州應試落第	

西元	歷代紀元	政治、軍事、外交	社會、經濟	文化、藝術
1838	宣宗道光 18 年	命林則徐為欽差大臣，前往廣州辦理禁煙事宜		
1839	宣宗道光 19 年	林則徐在虎門海灘銷毀外商鴉片二萬餘箱		
1840	宣宗道光 20 年	鴉片戰爭爆發。命琦善赴廣州與英使談判，林則徐被革職		
1841	宣宗道光 21 年	二月，英軍攻陷虎門砲臺。七月，攻陷廈門、鎮海、寧波		
1842	宣宗道光 22 年	英軍占上海、鎮江、攻南京。中英訂《南京條約》		
1843	宣宗道光 23 年	1.中英《五口通商章程》、《虎門條約》簽訂 2.中法《黃埔條約》簽訂	洪秀全組「拜上帝會」	魏源著《海國圖志》50卷
1844	宣宗道光 24 年	中美《望廈條約》簽訂		
1845	宣宗道光 25 年	中英訂立《上海租地章程》，是為列強在中國設立租界之始		
1848	宣宗道光 28 年		兩廣飢荒	
1850	宣宗道光 30 年	洪秀全在廣西桂平金田村起事		
1851	文宗咸豐 元年	太平軍攻占永安，封王建制		

西元	歷代紀元	政治、軍事、外交	社會、經濟	文化、藝術
1853	文宗咸豐 3 年	1. 太平軍攻陷南京，改稱天京 2. 曾國藩在湖南組織湘軍	太平天國頒布「天朝田畝制度」	
1855	文宗咸豐 5 年		1. 雲南回民叛變 2. 貴州苗民叛變	
1856	文宗咸豐 6 年	1. 法傳教士在廣西被殺 2. 發生亞羅號事件，英軍攻廣州 3. 太平天國諸王內訌		
1857	文宗咸豐 7 年	英法聯軍攻陷廣州		
1858	文宗咸豐 8 年	1. 中俄《璦琿條約》簽訂 2. 中英、中法、中俄、中美《天津條約》簽訂		
1860	文宗咸豐 10 年	中英、中法、中俄《北京條約》簽訂	臺灣被迫先後開放淡水、雞籠、打狗、安平等通商口岸	
1862	穆宗同治 元年	1. 李鴻章組織淮軍 2. 臺灣發生戴潮春抗清事件	陝甘回變	
1864	穆宗同治 3 年	太平天國亡		
1868	穆宗同治 7 年		臺灣因貿易糾紛，英國砲擊安平	

西元	歷代紀元	政治、軍事、外交	社會、經濟	文化、藝術
1871	穆宗同治10年	俄國強占伊犁		
1872	穆宗同治11年			第一批幼童赴美留學
1874	穆宗同治13年	1.牡丹社事件，日軍侵臺 2.中日簽訂《北京專約》 3.沈葆楨奉派來臺，推動新政建設，重劃行政區，增設「臺北府」，並進行開山撫番，建安平之「億載金城」砲臺		
1875	德宗光緒元年	清廷廢除內地人民渡臺禁令		
1876	德宗光緒2年	閩府丁日昌來臺擘畫經營	1.丁日昌訂「撫番善後章程」，保障原住民權益 2.架設臺灣府至安平、府城至旗後電報線	
1881	德宗光緒7年	中俄改訂《伊犁條約》		
1883	德宗光緒9年	中法越南戰爭爆發		
1884	德宗光緒10年	新疆建省		
1885	德宗光緒11年	臺灣建省，劉銘傳為首任臺灣巡撫		

西元	歷代紀元	政治、軍事、外交	社會、經濟	文化、藝術
1887	德宗光緒 13 年			臺灣大稻埕設西學堂及電報學堂
1888	德宗光緒 14 年	康有為首次上書主張變法		
1890	德宗光緒 16 年			臺灣設蕃學堂，教化原住民
1891	德宗光緒 17 年	邵友濂繼任臺灣巡撫，現代化腳步趨緩	臺灣完成大稻埕到基隆的鐵路	
1894	德宗光緒 20 年	1. 中日甲午戰爭爆發 2. 孫中山在夏威夷組興中會		
1895	德宗光緒 21 年	1. 中日簽訂《馬關條約》 2. 臺灣宣布建立「臺灣民主國」 3. 革命軍廣州起義失敗		康有為組「強學會」
1896	德宗光緒 22 年	1. 《中俄密約》簽訂 2. 臺灣總督府以《六三法》為依據，獨攬行政、立法、司法及軍事大權		1. 梁啟超辦《時務報》 2. 清廷派學生赴日本留學
1897	德宗光緒 23 年	德國占領膠州灣		梁啟超於湖南辦時務學堂

西元	歷代紀元	政治、軍事、外交	社會、經濟	文化、藝術
1898	德宗光緒24年	1.列強強租港灣 2.百日維新；戊戌政變		設京師大學堂
1899	德宗光緒25年	美國國務卿海約翰提出「中國門戶開放政策」		
1900	德宗光緒26年	1.八國聯軍攻入北京 2.東南互保 3.革命軍惠州起義失敗		
1901	德宗光緒27年	1.《辛丑和約》簽訂 2.改總理各國事務衙門為外務部		梁啟超創辦《新民叢報》於東京
1902	德宗光緒28年	蔡元培在上海成立中國教育會	日本在上海設紗廠	
1903	德宗光緒29年	華興會立於長沙		
1904	德宗光緒30年	革命軍長沙起義失敗，黃興流亡日本		
1905	德宗光緒31年	1.中國革命同盟會成立於東京 2.廢除科舉 3.派五大臣出國考察憲政		
1906	德宗光緒32年	清廷宣布預備立憲		
1907	德宗光緒33年	1.七女湖之役 2.徐錫麟刺殺安徽巡撫恩銘，起義失敗 3.欽廉之役 4.鎮南關之役		

西元	歷代紀元	政治、軍事、外交	社會、經濟	文化、藝術
1908	德宗光緒34 年	光緒帝、慈禧太后去世		
1909	宣統元年	各省諮議局成立		
1911	宣統 3 年	1. 黃花崗之役失敗 2. 四川保路會成立 3. 辛亥革命		

臺灣早期的開發

1. 早期的臺灣

時　　間	分　　期	代表考古文化遺址	特　　色
50000 年前	舊石器時代晚期	長濱文化與網形文化	採集、漁獵生活
7000 年前	新石器時代	大坌坑文化	出現原始根栽種植，「刀耕火種」的游耕型態
4500 年前	新石器時代中晚期	1. 墾丁遺址 2. 大坌坑文化 3. 圓山文化 4. 卑南文化	1. 各地普遍出現稻米、小米 2. 墾丁遺址出現的陶片中發現稻殼印紋，是臺灣目前所見最早的稻米栽培證據 3. 社會型態、工藝技術明顯受大陸東南沿海或東南亞一帶的影響
2000 年前	鐵器文化	十三行遺址	1. 農耕技術較前進步 2. 瑪瑙、玻璃的出土，證明與島外交流頻繁 3. 十三行遺址出土唐、宋的銅鏡、瓷器、錢幣，可知與大陸漢文化有往來

2.荷據時期、鄭氏時代與清領時期

西元	歷代紀元	政治、軍事、外交	社會、經濟	文化、藝術
1624	明熹宗天啟 4 年	荷蘭登陸安平，建熱蘭遮城	荷人經營臺灣方式：農業拓墾、轉口貿易、盤剝重稅	
1626	熹宗天啟 6 年	西班牙占領臺灣北部，於社寮島建聖薩爾瓦多城，於淡水築聖多明哥城		
1635	思宗崇禎 8 年	麻豆社事件，原住民反抗荷人統治		
		蕭壠社事件		
1642	思宗崇禎 15 年	荷蘭人將西班牙人逐出臺灣北部		
1644	福王弘光元年	福王即位南京		
1645	唐王隆武元年	1. 唐王即位福州 2. 隆武賜鄭成功朱姓，時人稱之「國姓爺」		
1646	桂王永曆元年	桂王即位肇慶		
1652		郭懷一事件，漢人反抗荷人統治		
1661	桂王永曆 14 年	1. 鄭成功攻臺灣 2. 桂王被執		
1662	桂王永曆 15 年	1. 鄭成功驅逐荷蘭人，荷人前後統治臺灣 38 年 2. 設置郡縣：改赤崁為東都明京，設承天府轄天興縣、萬年縣	1. 獎勵屯墾：寓兵於農，解決軍糈民食 2. 發展貿易：突破清廷海禁，與日本、東南亞貿易	

西元	歷代紀元	政治、軍事、外交	社會、經濟	文化、藝術
1666	桂王永曆 20 年			臺灣第一座孔廟於臺南落成，提倡文教
1674	桂王永曆 28 年	三藩之亂起，鄭經起兵響應		
1681	桂王永曆 35 年	鄭克臧被害，鄭克塽即位		
1683	桂王永曆 37 年 清聖祖康熙 22 年	1. 施琅征臺，明鄭不敵，臺灣成為清朝版圖 2. 設臺灣府轄臺灣、鳳山、諸羅三縣		
1684	聖祖康熙 23 年	清廷頒布限制漢人渡臺則例，此後不斷一再申令，然執行困難		
1721	聖祖康熙 60 年	1. 朱一貴事件，波及全臺，為清領臺灣以來，首次大規模反清事件 2. 畫界封山：立石碑、築土牛溝，標明漢人與原住民區域，不許漢人越界侵墾。然未徹底執行		
1723	世祖雍正 元年	添設彰化縣、淡水廳		
1727	世祖雍正 五年	增設澎湖廳		
1766	高宗乾隆 31 年	於臺南、鹿港分設南、北理番分府，統理「熟番地」事務		

西元	歷代紀元	政治、軍事、外交	社會、經濟	文化、藝術
1786	高宗乾隆 51 年	林爽文率眾反清		

民國（1912～1998）

西元	民國紀元	政治、軍事、外交		社會、經濟	文化、藝術
1912	民國元年	1. 孫中山就臨時大總統職 2. 清帝退位 3. 南北統一 4. 袁世凱任臨時大總統，臨時政府北遷	俄與外蒙簽訂《俄蒙協約》及商務專條		
1913	民國 2 年	1. 宋教仁被刺 2. 袁世凱與五國銀行團簽訂善後大借款合同 3. 國民黨三都督被罷免 4. 二次革命失敗 5. 袁世凱就任正式大總統 6. 袁世凱下令解散國民黨，並撤銷國民黨黨籍議員資格 7. 臺灣發生「苗栗事件」，羅福星抗日失敗			

西元	民國紀元	政治、軍事、外交		社會、經濟	文化、藝術
1914	民國 3 年	1.袁世凱廢《臨時約法》，另訂《新約法》 2.歐戰爆發，日本對德宣戰，占領濟南、膠州灣等地 3.中華革命黨在東京成立	中英藏舉行西姆拉會議，討論西藏問題	一次世界大戰期間，五四時期，民族工業繁榮發展，為近代中國民族工業的「黃金時期」	臺灣中部士紳林獻堂等設立「臺中中學校」 陳獨秀創辦《青年雜誌》
1915	民國 4 年	1.五九國恥 2.楊度發起籌安會 3.袁世凱接受推戴為「中華帝國皇帝」 4.雲南護國軍起義 5.臺灣「西來庵事件」余清芳等發動的抗日行動	1.日本提出二十一條要求 2.中俄蒙簽訂《恰克圖條約》，承認外蒙自治		
1916	民國 5 年	1.袁世凱下令撤銷帝制 2.袁世凱死，黎元洪繼任大總統 3.恢復民元約法及國會 4.國會選馮國璋為副總統			1.《青年雜誌》易名《新青年》 2.蔡元培出任北大校長

西元	民國紀元	政治、軍事、外交	社會、經濟	文化、藝術
1917	民國6年	1. 督軍團叛變 2. 張勳擁溥儀復辟 3. 段祺瑞討伐張勳，拒絕恢復國會 4. 孫中山在廣州成立中華民國軍政府，倡導護法 5. 段祺瑞對德宣戰 6. 俄共黨發動革命			〈文學改良芻議〉、〈文學革命論〉先後發表於《新青年》
1918	民國7年	1. 段系安福國會成立 2. 徐世昌任北京政府總統 3. 第一次世界大戰結束			《新青年》以白話體出版
1919	民國8年	1. 巴黎和會召開 2. 威爾遜發表14點原則 3. 南北議和在上海舉行 4. 中華革命黨改組為中國國民黨 5. 臺灣總督田健治郎改採同化政策，高唱「內地延長主義」	1. 五四運動發生，中國拒簽《凡爾賽和約》 2. 加拉罕發表《第一次對華宣言》	設上海國民合作銀行	1. 梁啟超發表《歐遊心影錄》，埋首整理國故 2. 臺灣總督府頒布《臺灣教育令》

西	民國紀元	政治、軍事、外交		社會、經濟	文化、藝術
1920	民國9年	1. 粵軍驅逐桂系軍人，收復廣州 2. 直皖戰爭爆發，段系沒落，直奉兩系控制北京政府	蘇俄發表《第二次對華宣言》	民初的社會變遷： 1. 平民階層的重視 2. 婦女解放運動 3. 社會風氣的轉移	知識分子主導社會變遷： 1. 平民文學興起 2. 重視平民教育刊物 3. 推動鄉村建設
1921	民國10年	1. 中國共產黨成立 2. 蘇俄扶植「蒙古人民共和國」成立 3. 推動「臺灣議會請願運動」 4. 成立「臺灣文化協會」	華盛頓會議召開	4. 基層建設的推動	4. 興辦女學、鼓吹女權 5. 懷抱科學主義，推動反迷信、反宗教運動
1922	民國11年	1. 第一次直奉戰爭爆發，張作霖兵敗 2. 陳炯明叛變 3. 舊國會在北京復會	1. 中日簽訂《解決山東懸案條約》 2. 《九國公約》簽訂		文化的發展： 1. 自由學風的樹立 2. 文學革命的倡導
1923	民國12年	1. 滇桂軍擊敗陳炯明 2. 曹錕賄選 3. 護法結束	1. 臨城劫車案發生 2. 蘇俄發表《第三次對華宣言》 3. 孫越《聯合宣言》	基層建設的推動： 1. 土地改革 2. 保護勞工 3. 合作運動 4. 醫藥衛生	3. 新思想與反傳統 4. 舊文化的重新評估

西元	民國紀元	政治、軍事、外交	社會、經濟	文化、藝術
1924	民國13年	1.召開中國國民黨第一次全國代表大會 2.創辦黃埔軍校 3.第二次直奉戰爭爆發，直系瓦解 4.段祺瑞任臨時執政 5.孫中山北上	《中俄北京協定》簽訂	
1925	民國14年	1.孫中山逝世 2.五卅慘案發生 3.國民政府成立 4.蔣中正指揮國民革命軍，肅清陳炯明叛軍 5.廖仲凱被刺	經濟建設內容： 1.工業發展 2.農業改革 3.交通建設 4.國際貿易	
1926	民國15年	1.中山艦事件 2.國民革命軍誓師北伐		
1927	民國16年	1.國民黨實施「清黨」 2.寧漢分裂 3.國民政府與俄絕交 4.「臺灣文化協會」分裂，蔣渭水等另組「臺灣民眾黨」	1.陶行知設鄉村實驗學校 2.梁漱溟推行鄉村自治建設	挖掘北平周口店舊石器時代遺址

西元	民國紀元	政治、軍事、外交	社會、經濟	文化、藝術
1928	民國17年	1. 濟南五三慘案 2. 張學良東北易幟 3. 北伐完成，全國統一 4. 謝雪紅、蘇新等組「臺灣共產黨」	以蘭州為中心擬定全國公路建築計劃	1. 挖掘河南安陽殷墟 2. 臺灣設立「臺北帝國大學」
1929	民國18年	1. 國軍編遣會議	1. 設中央農業推廣委員會 2. 施行《工廠法》	「左翼作家聯盟」在上海成立
1930	民國19年	1. 林獻堂等組「臺灣自治聯盟」 2. 臺灣發生抗日「霧社事件」		
1931	民國20年	3. 萬寶山事件 4. 中村事件 5. 九一八事變，東北淪陷 6. 中共在江西成立「中華蘇維埃共和國」	1. 裁撤釐金 2. 成立中央農業實驗所	
1932	民國21年	1. 上海一二八事變 2. 偽「滿洲國」成立		

西元	民國紀元	政治、軍事、外交		社會、經濟	文化、藝術
1933	民國22年	日軍攻陷熱河		1.廢兩改元 2.設農村復興委員會	
1934	民國23年	第五次圍剿中共，中共自江西逃竄		推行新生活運動	
1935	民國24年	1.成立「冀東防共自治政府」 2.共軍抵陝北 3.日本開放臺灣部分自治權	日本提出「廣田三原則」	1.實施法幣政策 2.發起國民經濟建設運動	
1936	民國25年	1.西安事變 2.日本在臺積極推行「皇民化政策」			
1937	民國26年	1.七七事變，全面抗戰 2.北平、天津淪陷 3.成立北平偽「臨時政府」 4.八一三上海會戰 5.國民政府遷都重慶 6.忻口會戰 7.南京大屠殺		訂定「五年經建計畫」	
1938	民國27年	1.成立南京偽「維新政府」 2.徐州會戰，臺兒莊大捷 3.武漢會戰			

西元	民國紀元	政治、軍事、外交	社會、經濟	文化、藝術
1939	民國 28 年	第二次世界大戰，歐戰爆發	德蘇簽訂互不侵犯條約	國民精神總動員運動	
1940	民國 29 年	汪兆銘在南京成立偽「國民政府」	1. 法國封閉滇越鐵路 2. 英國封閉滇緬公路 3. 日德義三國同盟		
1941	民國 30 年	1. 新四軍事件 2. 中國遠征軍入印、緬協助英軍作戰	1. 德蘇戰爭爆發 2. 珍珠港事變，中美並肩作戰		
1942	民國 31 年	蔣中正出任中國戰區最高統帥			
1943	民國 32 年	1. 美第十四航空隊在華成立 2. 開羅宣言聲明，東北、臺灣、澎湖歸還中國	1. 中美、中英簽訂平等新約 2. 開羅會議		
1944	民國 33 年	1. 赫爾利來華調停國共衝突 2. 知識青年從軍運動			

西元	民國紀元	政治、軍事、外交		社會、經濟	文化、藝術
1945	民國34年	1. 美投原子彈於廣島、長崎 2. 日本宣布投降 3. 臺灣光復，首批國軍抵達基隆 4. 重慶會談 5. 聯合國成立	1. 雅爾達密約 2. 中、美、英發表《波茨坦宣言》 3. 中蘇友好同盟條約簽訂	臺灣開始經濟重整時期： (1945~1953) 1. 改革幣制穩定金融 2. 進行「三七五減租」、「公地放領」、「耕者有其田」的土地改革 3. 發展肥料、電力、紡織工業 4. 奠定日後經濟發展穩定基礎	
1946	民國35年	1. 政治協商會議 2. 馬歇爾來華調停 3. 召開制憲國民大會			1. 臺灣訂定取締違禁圖書辦法，掃盡日本語文 2. 設置「國語推行委員會」推行國語，抑制本土語言
1947	民國36年	1. 政府宣布動員戡亂 2. 臺灣發生二二八事件，演成全省性的政治抗爭			
1948	民國37年	1. 召開第一屆國民大會，選蔣中正為總統 2. 東北全部淪陷 3. 徐蚌會戰失利			

西元	民國紀元	政治、軍事、外交	社會、經濟	文化、藝術
1949	民國38年	1. 蔣中正引退，李宗仁代行總統職權，與中共和談 2. 平津淪陷 3. 中華人民共和國成立 4. 國民政府遷臺，實行戒嚴，以「反共抗俄」為基本國策	1. 陳誠擔任臺灣省主席，開始實施「三七五減租」 2. 臺灣幣制改革	臺灣《自由中國》創刊，引進歐美自由民主思想
1950	民國39年	1. 蔣中正復職，重建臺灣為民有、民治、民享國家 2. 國民黨進行黨務改造，種下強人政治因子，黨國威權體制形成 3. 臺灣開始實施地方自治 4. 中共鎮壓反革命運動	1. 韓戰爆發，中共發起「抗美援朝」 2. 美國第七艦隊協防臺灣，恢復對中華民國政治經濟、軍事援助	中共進行土地改革	1. 臺灣設立「中華文藝獎助委員會」，推動反共文學 2. 中美協防關係建立，美國式的思想文化、價值觀念，融入臺灣社會
1951	民國40年	美國在臺灣設立軍事援華顧問團			1. 臺灣40年代，《自由中國》是爭取言論自由的喉舌，鼓吹民主
1952	民國41年	中共進行：「三反、五反」、「思想改造」、「大鳴大放」運動			

西元	民國紀元	政治、軍事、外交		社會、經濟	文化、藝術
1953	民國 42 年			1.臺灣實施耕者有其田及四年經濟建設計畫	2.《文星》雜誌宣揚自由理念
1954	民國 43 年		中美簽訂共同防禦條約	2.臺灣開始進口替代時期 (1953~1960) 發展勞動密集型日常用品工業,取代進口	臺灣成立「國立歷史博物館」
1956	民國 45 年	中共進行「反右派鬥爭」		3.臺灣私營企業蓬勃發展	
1957	民國 46 年				1.臺灣《文星》創刊,標榜生活的、文學的、藝術的 2.「五月畫會」「東方畫會」成立,重視現代前衛抽象藝術
1958	民國 47 年	中共推行「三面紅旗」:生產大躍進、社會主義總路線、人民公社			

西元	民國紀元	政治、軍事、外交	社會、經濟	文化、藝術
1959	民國48年	劉少奇出任中共「國家主席」		
1960	民國49年			臺灣發生「雷震案」籌組中國民主黨失敗。《自由中國》停刊
1962	民國51年	中共與印度發生藏印邊境戰爭	臺灣開始出口擴張與經濟起飛時期（1960～1973）：1.發展勞力密集型工業，拓展外國市場 2.54年成立加工出口區 3.開始發展重工業和化學工業 4.臺灣進入經濟起飛階段	
1963	民國52年			主張全盤西化受批判，《文星》停刊
1964	民國53年	中共舉行第一次原子試爆		
1966	民國55年	中共利用紅衛兵發動「文化大革命」，破壞傳統文化		國立故宮博物院開館
1968	民國57年			1.臺灣實施九年國民教育 2.推行中華文化復興運動

西元	民國紀元	政治、軍事、外交		社會、經濟	文化、藝術
1971	民國60年	1. 中共林彪墜機身亡 2. 中共「四人幫」勢力竄升	1. 保衛釣魚臺主權運動 2. 聯合國接納中共政權，臺灣退出聯合國		1. 臺灣60年代，《大學》雜誌議論國是，倡言改革 2. 反對勢力興起，「八十年代」、「美麗島」為鼓吹言論自由的機關 3. 鄉土文學興起，引發「鄉土文學論戰」 4. 臺灣60年代興起校園民歌運動 5. 雲門舞集成立，將傳統素材以西方現代舞蹈演出
1972	民國61年	蔣經國出任行政院長，臺灣進入「蔣經國時代」，展開「革新保臺」措施。「政治本土化」政策，成為「黨外勢力」崛起的契機	1. 中日斷交 2. 美國總統尼克森訪問中國大陸		
1973	民國62年			臺灣開始經濟調整與第二次進口替代時期（1973～1979）：實施「十大建設」、「十二項建設」，以大型公共投資帶動景氣復甦	
1975	民國64年	蔣中正逝世			

西元	民國紀元	政治、軍事、外交	社會、經濟	文化、藝術
1976	民國65年	1. 中共周恩來、毛澤東、朱德逝世 2. 中共「四人幫」被捕		
1977	民國66年	臺灣發生「中壢事件」		
1978	民國67年	中共鄧小平復出，開始「開放改革」路線，推動「四個現代化」	中美斷交	
1979	民國68年	臺灣爆發「美麗島事件」	美國與中共建交	臺灣進入自由化、國際化、制度化時期（1979以來）
1980	民國69年			69年成立「新竹科學工業園區」
1981	民國70年			臺灣成立「文化建設委員會」
1982	民國71年			臺灣公布《文化資產保護法》，維護發揚傳統技藝
1984	民國73年	臺灣蔣經國當選第七任總統		臺灣70年代電影藝術彰顯人文關懷，反省批判題材

西元	民國紀元	政治、軍事、外交	社會、經濟	文化、藝術
1986	民國75年	1. 蔣經國展開「政治自由化」措施 2. 臺灣民主進步黨成立	臺灣的社會變遷： 1. 人口組成結構變化 2. 核心家庭增加，夫妻關係趨向平權 3. 行業結構變遷，中產階級擴大、工人階級興起、農業階級萎縮	
1987	民國76年	臺灣解除戒嚴，開放黨禁與大陸探親		
1988	民國77年	1. 臺灣蔣經國逝世，李登輝繼任總統 2. 解除報禁		
1989	民國78年	中國大陸發生「六四天安門事件」，要求中共實施民主政治的第五個現代化	4. 職業團體與社會團體茁壯 5. 社會流動相對開放	
1990	民國79年	1. 臺灣發起「三月學運」，提出解散國民大會、廢除臨時條款、召開國是會議、擬定政治改革時間表等四大訴求 2. 召開「國是會議」		

西元	民國紀元	政治、軍事、外交	社會、經濟	文化、藝術
1991	民國80年	1. 臺灣國大臨時會進行第一階段修憲 2. 廢除《戡亂時期臨時條款》，終止動員戡亂時期 3. 資深代表全面退職，第二屆國代、立委進行改選		
1992	民國81年		臺灣與南韓斷交	
1994	民國83年	臺灣省長及臺北、高雄兩市市長，開放民選		
1996	民國85年	臺灣首次總統公民直選，李登輝當選		
1997	民國86年		臺灣與南非斷交	
1998	民國87年	中共鄧小平去世，江澤民繼任國家主席，繼續推動改革開放		

附錄(二)
圖片資料來源目錄

1. 中華歷史工作室編，《20世紀中國人的山河歲月》，天下文化出版股份有限公司，民國86年。
2. 凌志四主編，《臺灣民俗大觀》，大威出版社，民國74年。
3. 《中國時報》社編著，《臺灣・戰後50年》，時報文化出版公司，民國84年。
4. 中華民國史畫編纂小組，《中華民國史畫》，中國國民黨中央黨史委員會出版，民國67年。
5. 明報雜誌有限公司，《亞洲週刊》，民國87年11月2日～11月8日。
6. 楊克林編著，《文化大革命博物館》，上、下兩冊，東方出版社、天地圖書有限公司，民國84年。
7. 劉國瑞，《臺灣發展圖錄》：民國40年至79年，聯經出版，民國80年。
8. 楊克林、曹紅編著，《中國抗日戰爭圖誌》，上、中、下三冊，淑馨出版社，民國81年。
9. 蔡玲、馬若孟著，羅珞珈譯，《中國第一個民主體系》，三民書局，民國87年。
10. 周婉窈，《臺灣歷史圖說》，聯經出版社，民國87年。
11. 朱傳譽，《中國近代畫史》，中國國民黨中央黨史史料編纂委員會出版，民國55年。
12. 南天書局，《清代宮廷生活》，民國75年。
13. 張之傑，《20世紀中國全記錄》，錦繡出版有限公司，民國79年。

14.香港藝術館，《十八及十九世紀中國沿海商埠風貌》，
　　民國 76 年。

15.光華畫報雜誌社編，《光華畫報》第 24 卷第 10 期，民
　　國 88 年。

國家圖書館出版品預行編目資料

中國近代史／陳豐祥，林麗月編著. -- 初版.
　-- 臺北市：五南，2002[民91]
　　面；　公分
　參考書目：面
　ISBN 978-957-11-2876-4（平裝）

　1.中國-歷史-晚清（1840-1911）
　2.中國-歷史-民國（1912-　　）

627.6　　　　　　　　　91007429

1W85 中國史系列

中國近代史

編 著 者 — 陳豐祥、林麗月

發 行 人 — 楊榮川

總 經 理 — 楊士清

總 編 輯 — 楊秀麗

副總編輯 — 黃惠娟

責任編輯 — 高雅婷

封面設計 — 姚孝慈

出 版 者 — 五南圖書出版股份有限公司

地　　址：106台北市大安區和平東路二段339號4樓

電　　話：(02)2705-5066　　傳　真：(02)2706-6100

網　　址：http://www.wunan.com.tw

電子郵件：wunan@wunan.com.tw

劃撥帳號：01068953

戶　　名：五南圖書出版股份有限公司

法律顧問　林勝安律師事務所　林勝安律師

出版日期　2002年6月初版一刷
　　　　　2020年5月初版七刷

定　　價　新臺幣370元

經典永恆・名著常在

五十週年的獻禮——經典名著文庫

五南，五十年了，半個世紀，人生旅程的一大半，走過來了。
思索著，邁向百年的未來歷程，能為知識界、文化學術界作些什麼？
在速食文化的生態下，有什麼值得讓人雋永品味的？

歷代經典・當今名著，經過時間的洗禮，千錘百鍊，流傳至今，光芒耀人；
不僅使我們能領悟前人的智慧，同時也增深加廣我們思考的深度與視野。
我們決心投入巨資，有計畫的系統梳選，成立「經典名著文庫」，
希望收入古今中外思想性的、充滿睿智與獨見的經典、名著。
這是一項理想性的、永續性的巨大出版工程。
不在意讀者的眾寡，只考慮它的學術價值，力求完整展現先哲思想的軌跡；
為知識界開啟一片智慧之窗，營造一座百花綻放的世界文明公園，
任君遨遊、取菁吸蜜、嘉惠學子！